山梨と災害

防災・減災のための基礎知識

山梨大学　地域防災・マネジメント研究センター

まえがき

　豊かな自然に恵まれた山梨県は近年、規模の大きな豪雨災害に見舞われておらず、大規模な地震災害や火山災害に至ってはさらに長期間の空白期にあります。そのため、住民のみならず自治体関係者にも「山梨は自然災害の少ない地域」と考える人が少なくありません。しかし、地球の営みに劇的な変化が起こらない限り、大地震、豪雨、火山噴火などの自然事象はほぼ周期的に来襲します。過去に繰り返されてきた大規模災害は必ず繰り返されるのです。「正常化の偏見」の仕業で、人は恐ろしいことや嫌なことから目をそむけたい、過小評価したいと思うものです。しかし、2014年山梨豪雪を経験した通り、災害は他人事ではなく我が事なのです。

　大災害を経験した自治体では、行政も住民も知恵を絞り、訓練を繰り返し、当たり前のように命を守るための地域防災力を高めています。私がたびたび講演や著書で紹介する新潟県見附市は、2004年新潟・福島豪雨災害から継続的に防災力を向上させ、全国でも有数の防災先進自治体となっています。しかし、2004年の水害では、未経験の災害対応にあたふたしてしまったそうです。ほとんどの被災地は、このような失敗を繰り返していることがわかっています。それなのに、過去から学ばないのは、やはり被災地で起こったことを他地域で起こった他人事と考え、我が事と考えないからでしょう。大災害を経験してからでは遅いのです。

　そこで本書は、山梨の地震災害史、風水害史などについてをとくに充実させ、まずは我が事として山梨の災害を学べるようにしました。さらに近年の他地域の大災害や、それを契機として取り組まれてきた災害対策について学べるように編集しています。防災・減災について自然科学と社会科学の両面からわかりやすく解説し、災害の発生メカニズムや法制度についても解説しています。防災担当者のみならず自治体のすべての職員、自主防災リーダーを目指す市民、家族の命を守りたい市民、学校の先生、防災・減災の正しい知識を身につけてほしい学生等、誰にも参考書や教科書として読んでいだけるように、平易な文章で書かれています。本書が幅広く読まれ、地域の防災・減災に役立てば幸甚の至りです。

　なお、本書に掲載されている執筆者の所属は、執筆当時のものです。

2016年4月

鈴木　猛康

目次

まえがき

005	第1章 我が国の災害対策	鈴木 猛康
021	第2章 山梨県の防災対策	城野 仁志
035	第3章 火山噴火のしくみと被害	藤井 敏嗣
051	第4章 地震災害史	林 晏宏
071	第5章 山梨の地盤災害	後藤 聡
079	第6章 風水害史	野中 均
089	第7章 風水害の減災	末次 忠司
099	第8章 地震のしくみと被害、建物の地震対策	吉田 純司
111	第9章 気象と土砂災害	甲府地方気象台
123	第10章 災害情報	秦 康範
135	第11章 地域防災と情報	鈴木 猛康
151	第12章 学校における実践的な防災訓練 －山梨県における取組－	秦 康範

第1章
我が国の災害対策

鈴木　猛康

第1章 我が国の災害対策

1-1 自助、共助、公助の連携

防災力には自助、共助、公助の3つがあります。図1-1をご覧ください。

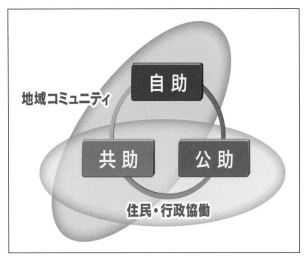

図1-1　自助、共助、公助の連携

自分が生き残らなければ隣人を助けられないのは自明の理です。自宅が倒壊して生き埋めになったり、家具の転倒によってけがをしたりすると、どうしても隣人の助けを借りなければなりません。自分の身の安全を守ることは地域コミュニティの防災力を高めることにつながるわけで、自助のない共助はあり得ません。共助と公助の関係も同様です。地域コミュニティと行政が役割を相互に理解し、共助と公助の連携を高めることが大切です。住民と行政がお互いに不足する部分を補い合うためには、両者のコミュニケーション、とりわけリスクコミュニケーションが不可欠です。

自分の身を自ら守る努力をする住民が集まって地域コミュニティを形成し、各地域コミュニティの自主防災活動に行政が参加し、地域全体の防災力を高めることが、住民・行政協働の減災対策です。「公助に限りがあるから共助が必要」ではなく、「限りある公助の人的、物的資源を有効に活用して被害を軽減するためには共助と公助の連携が不可欠で、そのため共助を高めることが必要」が正しいと思います。自助、共助、公助のバランスのとれた連携とは、このような住民・行政協働を意味します。

1-2 災害対策の4段階

災害対策には災害予防、準備、対応、復興という4つの段階があります（図1-2）。第一段階は災害予防（Mitigation）で、災害による人命や財産に対する脅威を除去または軽減する対策、建物などの構造上の危険性、什器・備品など構造物以外の物の危険性、危険物などによる脅威などを対象とした主にハード的な対策を意味しています。第二段階は準備

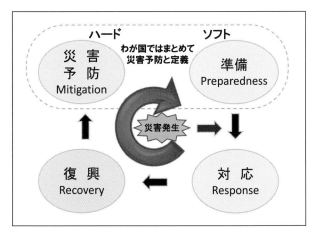

図1-2　災害対策の4段階

（Preparedness）です。準備は、災害発生時に安全な行動をとり、災害に効果的な対応を行い、その後平常状態に復旧・復興する手順等を、事前に準備することを指し、主にソフト的な対策をいいます。我が国の災害対策基本法では、これら災害発生前の事前の対策をまとめて「災害予防」と称しています。第三段階の対応（Response）は、災害が発生した際、事前に決めた対応手順を実行に移すことを指します。応急対応・応急復旧まで含めます。例えば地震災害であれば、発災直後の被災者救助から避難所開設、運営、道路段差の応急的な修復や崩落土砂の除去等に要する1週間〜3週間程度の期間の対応を意味しています。我が国では「災害応急対策」と呼んでいます。最後の段階は復興（Recovery）で、事前に決めた復旧手順を実行に移し、被災者の生活を立て直す支援を行い、災害から復興することを指します。我が国では「災害復旧・復興対策」と呼んでいます。

わえる」ことを意味します。被災者に食料（当面の食糧を購入する費用）、小屋掛料（仮設住宅の建設費）、農具料（農具の購入費用）、種穀料（翌年の穀物の種を購入する費用）を支給し、土地や家屋を売却しなければならない被災者に対しては地租額を補助または援助する制度です。そのために、1880年以降の10年間、明治政府が毎年120万円、府県が90万円以上の積立で基金を造成するというものでした。

備荒儲蓄法は当初10年間で造成した基金で20年間を賄うことが予定されていましたが、1890年（明治23年）から風水害が度重なって基金が底をついたため10年間で廃止され、1899年（明治32年）に罹災者救助基金法〔りさいしゃきゅうじょききんほう〕が制定されました。罹災者とは、災害における被災者のことをいいます。この基金は都道府県に基金を設置させ、この基金からの支払額が一定条件を満たした場合、国庫から補助するというものでした。

1-3 備荒儲蓄法から始まる災害対策の法制度

我が国の災害対策に関わる制度は、1880年（明治13年）の備荒儲蓄法〔びこうちょちくほう〕制定までさかのぼります。備荒とは「凶作や災害に備える」ことを意味し、儲蓄（貯蓄）とは「たく

1-4 治水3法

全国的に1,200名を超える人が犠牲となった1896年（明治29年）の大水害では、山梨県においても甚大な被害が発生しました。このような多発する水害の予防のため、河川法（1896年）、砂防法

（1897年、明治30年）、森林法（1897年）という治水3法が制定されました。山梨県では1907年（明治40年）大水害が、また1910年（明治43年）にも水害が発生しました。池谷浩氏の著書『「マツ」の話—防災からみた一つの日本史』（五月書房、2006年）を読むと、大水害の原因が川ではなく、経済発展と人口増加に伴う山林の荒廃が、水害を招いたことが述べられています。山梨県は1911年（明治44年）に御賜林を授かり、山林を管理することによって、水害の予防に努めてきました。ところが、近年、ソーラーパネル設置のために森林を伐採した禿山が増えています。土砂災害警戒区域の上流域の山林については、森林法における保有林や砂防法における砂防指定地の指定を急がないと、また悲劇が発生しそうで心配でなりません。森林法の保安林に指定されると、樹木の伐採は制限されます。砂防指定地は砂防堰堤をつくり、土砂災害を防ぐための場所という意味ですから、そこに水を供給する斜面も砂防指定地とすれば、このような開発ができなくなるのです。

災害の復旧に関しては、災害準備基金特別会計法が1899年（明治32年）に制定され、土木工事が非常に手厚く保護されるようになりました。これは、やはり、土木というのは、その地域の安全を守るための工事ですから、土木と防災は重なり合う部分が多く、防災は土木を内包しているようなものです。ですから、土木施設については、災害復旧事業の国庫助成制度がつくられています。

1-5 災害救助法

さて、罹災者救助基金法は基金の設置に関する法律でしたので、救助活動に関わる規定はなく、都道府県によって救助活動の内容も救援金の支給基準もまちまちでした。1946年（昭和21年）12月21日に発生した昭和南海地震は、被害が複数県にわたる広域災害でした。戦後のインフレ期であったこともあり、被災した県によって例えば被服の支給基準単価が33倍も異なる等、混乱を招くこととなりました。そこで、この地震を契機として、1947年（昭和22年）に現在施行されている災害救助法が制定されることとなりました。

災害救助法は、災害に際して、国が地方自治体、日本赤十字社その他の団体及び国民の協力のもとに、応急的に必要な救助を行い、被災者の保護と社会の秩序の保全を図ることを目的としています。災害救助法による救助は都道府県知事が行い（法定受託事務）、市町村長がこれを補助することとされています。そのため、都道府県には税収入額決算額の0.5％相当額を積み立てる義務が課せられています。補助の内容は、①避難所・応急仮設

住宅の設置、②食品・飲料水の給与、③被服・寝具等の生活必需品の給与、④医療・助産、⑤被災者の救出、⑥住宅の応急修理、⑦生業に必要な資金や器具の給与・貸与、⑧学用品の給与、⑨埋葬、⑩その他、死体の捜索及び処理・住宅又はその周辺の土石等の障害物の除去等です。救済に要する費用は都道府県が支弁しますが、その支払金額に応じて最大で90％を国庫で負担します。災害救助法による救助は、災害により市町村の人口に応じた一定数以上の住家の滅失がある場合や一定数以上の住民の身体等への被害が生じた場合に行うこととされています。したがって、災害時に都道府県には、市町村の被害状況を早期に把握し、その結果に基づいて災害救助法適用の判断を行い、救助活動を迅速に開始することが求められます。

関東大震災や、北丹後地震という私の故郷で発生した災害では、このような制度がきちんと整っていなかったわけですから、その都度、きわめて甚大な災害が出るため、勅令により特別な補助事業が行われました。

1-6 カスリーン台風と水防法

もう一つ、大切な法律に水防法があります。水防法が制定されたのは1949年（昭和24年）です。当時はＧＨＱの統治下にありました。アメリカ方式に従って、台風の名前は女性の名前を付けることになっていましたが、その一つとして1947年カスリーン台風があります。戦争で財力はほぼ使い切っていましたので、政府の治水対策は疎かになっていました。利根川も荒れ放題でした。

利根川は、1590年（天正18年）から徳川家康によって付け替えられました。江戸川がかつての利根川になります。繰り返す洪水から江戸を守るため、徳川家康は利根川を、関東平野を南東に横断させて千葉県銚子で太平洋に注ぐ放水路としました。1947年9月に前線が停滞して赤城山麓に大雨が降り続きました。その結果、埼玉県加須市で堤防が切れました。洪水は108時間かけて流下し、江戸川区東船堀から東京湾に注ぎました。同様な豪雨があれば、今でもこの堤防が切れるかも知れません。その際は、被災者は230万人に上り、それをお金に換算すると34兆円に達すると推定されています。

さて、どうして堤防に桜が植えられているか、ご存知でしょうか。むかしは、生贄に女性を川に突き落したそうです。「女性を生贄にすると大蛇が洪水を止めてくれる」という言い伝えがあったからです。ですが、桜を植えるのは、犠牲になった方々を慰めるためではありません。春になると見物客が来て、堤防を踏み締めてくれます。そうすると、冬の間、少し緩んだ堤防がもう一度しっかり締め固

められ、6月からの洪水期に備えられるのです。洪水は元の川筋を流れるところが非常に重要です。釜無川も甲府盆地の真ん中を流れていましたが、人工的に川筋を変えた結果、現在の姿となっています。ですから、治水能力を越えるような雨が降れば、当然ながら元の川筋を流れる可能性があるのです。

　カスリーン台風を契機として、我が国の水防体制の見直しが行われ、1949年に水防法が制定されました。利根川の改修計画は見直され、大規模な引堤（ひきてい、堤防を後退させること）や堤防拡幅、ダム建設、砂防堰堤の整備が進められ、洪水処理能力は格段に上昇しました。

1-7　災害対策基本法

　1959年（昭和34年）9月26日の伊勢湾台風（1959年台風15号）は、九州を除く日本全国に大きな被害をもたらし、死者・行方不明者5,098人、被害額は7,000億円に及びました。この台風の被害は甚大かつ広域に及んだため、救援、復旧のために全国から多くの応援部隊がやってきました。ところが、複数の応援部隊の指揮者や責任の所在、費用負担、また復旧工事における就業者の日当が県によって異なる等、この広域災害は様々な問題を提起することになりました。そもそも、災害予防、準備、対応、復興といった我が国の災害対策の全般を包括する体制、すなわち体系化が整っていなかったのです。伊勢湾台風を契機として、従来の防災体制の不備を正し、総合的かつ計画的な防災行政体制の整備を図るための災害対策に関する基本を定める一般法として、1961年（昭和36年）に災害対策基本法が制定されました。

　濃尾平野の西南部は、低湿地に木曽三川（木曽川、長良川、揖斐川）が流れており、しばしば洪水の被害を受けてきました。そのため、水害から守るため集落や耕地の周囲を堤防（輪中堤）で囲んだ輪中が形成されていました。輪中での水害とは上流部の堤防の一部分の決壊を意味しており、決壊部以外では堤防はほぼ無傷のまま残ることになります。したがって、輪中の集落の多くは堤防上に立地していましたし、堤防が決壊したら安全な堤防へと避難していました。輪中における水防体制も整っていました。河川の水位が堤防の五合目に達すると見張り番が立ち、七合目になると村中の鐘や太鼓が打ち鳴らされ、家財道具が天井裏等へと移動され、さらに八合目に達すると早鐘や屋太鼓が鳴り響いて、成人男性は全員水防小屋へ招集されました。

　ところが、輪中は高潮には余りにも無防備でした。防波堤を越え、河川を遡上しながら河川堤防を越えた海水は、多くの護岸や堤防を破壊させながら輪中堤に襲いかかり、至る方向から輪中堤を決壊

させて、集落や耕地を飲み込みました。さらに、名古屋港の貯木場の材木の大群が高潮に乗って市街地を襲ったため、脆弱な構造だった木造住宅はつぎつぎと破壊され、流失しました。その結果、愛知県で3,351人、三重県で1,211人の犠牲者を出す大惨事となりました。

　伊勢湾台風の復興に中心的に関わったのは、当時岸内閣の科学技術庁長官・中曽根康弘氏（当時41歳）でした。中曽根氏は臨時台風科学対策委員会の委員長に就き、被災から2週間後の1959年10月9日には臨時台風科学対策委員会を設置し、防災のための立法措置を示唆しました。災害対策に関する基本法を作るべきという点では、与野党ともにほとんど異論はなかったようですが、具体的内容になると与党と野党、国と地方、各省庁間で考え方に大きな隔たりがありました。折からの60年安保騒動もあり、議論は一時棚上げになってしまいましたが、1960年（昭和35年）チリ地震による津波災害が後押しとなり、1961年1月に「災害対策基本法」が公布されるに至りました。

1-8　台風7号と大武川土石流

　山梨県では同年の8月に襲来した台風7号による被害の方が大きく、死者、行方不明者は89名にのぼりました。その復興が緒に就いたばかりの10月に、台風15号、すなわち伊勢湾台風が通過してしまいました。台風7号では、大武川で土石流が発生しています。話がそれることになりますが、土石流の恐ろしさについて説明します。この土石流による死者、行方不明者は23名でした。ご存知の通り、大武川は甲斐駒ヶ岳の麓を流れる川です。甲斐駒ヶ岳を形成しているのは火成岩の花こう岩です。豪雨があり、一気に大きな石の塊と周りの砂と一緒にまき込んで流しました。花こう岩が風化した真砂土は水を吸収すると崩れやすいといわれています。花こう岩は非常に深いところで形成された火成岩ですから、それが地表に上ってくると圧力の開放から亀裂が入ります。4mとか5mのブロック状に形成された亀裂に沿って水が浸透し、風化を促進させます。そうすると、真中にあるフレッシュな巨石を砂が取り囲んだ状態となります。場合によっては、それが10mを超える深さまで、そのような風化した花こう岩の状態になります。そこに大雨が降ります。雨水はその亀裂を通って次第に侵入し、やがて隙間を満たしてしまうと、水の中に風化層が存在する状態となりますので、浮力が働きます。その結果、フレッシュな花こう岩の岩体と風化層との間の摩擦が切れ、一気に風化層が流れ出して土石流が発生します。その際、巨石と砂と水とが一体となって流れるところが一番恐ろしいのです。

土石流の先頭には巨石がきます。いろいろな大きさのビー玉を一気に流すと、先頭に来るのは必ず一番大きなビー玉です。小さいものは隙間に入っていきますので、先頭には径の大きなものが来るのです。その先頭の巨石は、コンクリートの建物でも壊してしまう大きな破壊力を有しています。

1-9 地震保険

1964年（昭和39年）新潟地震では26人が犠牲となり、全壊家屋1,960棟、半壊家屋6,640棟、浸水家屋15,298棟の被害が発生しました。浸水家屋の数が多いのは、液状化により地表に大量の水が湧き出し、さらに沿岸部で津波の襲来を受けたからです。新潟出身の衆議院議員・田中角栄氏は、当時44歳ながら大蔵大臣の要職に就いていました。田中氏は地震発生直後に被災地を視察し、被災地の惨状を目の当たりにしました。そして、地震被害を補償する保険制度が無いことを問題視し、損害保険会社に対して被災者への見舞金を要請するとともに、損害保険会社だけでなく政府も保険金の支払いを保証する法律に基づいた災害保険制度の早期創設の必要性を訴えました。

地震保険が誕生した1966年（昭和41年）当時、日本の地震リスクの高さと国力の規模を鑑み、再保険を引き受ける保険会社などありませんでした。再保険とは、リスクの分散・平均化のため、保険会社が引き受けた保険金額の一部ないし全額を、他の保険会社や政府に引き受けてもらうことをいいます。日本の保険会社が地震保険という巨大なリスクを引き受けるというのは、余りにも無謀です。そこで、田中大臣の命を受けた大蔵省は、日本国政府が再保険を引き受けることを決断しました。

たまたま新潟地震発生当時、衆議院大蔵委員会で保険業法の一部が改正する法律案が審査中でした。地震発生3日後に保険業法改正法案を可決するに当たり、災害保険制度創設に向けた付帯決議が行われました。その後、田中大臣の諮問を受けた保険審議会が、地震保険制度の検討結果をとりまとめ、翌年4月に大蔵大臣に答申しました。この答申に沿って、政府、損害保険業界ともに準備を始め、1966年5月18日「地震保険に関する法律」および「地震再保険特別会計法」が公布、施行され、同年6月1日に関係政令や関係省令もそれぞれ公布、施行されて、同日各損害保険会社により地震保険が発売されました。政府の再保険に基づいた公的な地震保険制度設立では、我が国はニュージーランドの1994年、米国の1996年より約30年早く、地震保険先進国といえます。

地震保険は地震・噴火またはこれらによる津波を原因とする火災・損壊・埋没

または流失による損害を補償する地震災害専用の保険です。地震保険の対象は居住用の建物と家財です。火災保険では、地震を原因とする火災による損害や、地震により延焼・拡大した損害は補償されません。地震保険は、火災保険に付帯する方式での契約となりますので、火災保険への加入が前提となります。地震保険は、地震等による被災者の生活の安定に寄与することを目的として、民間保険会社が負う地震保険責任の一定額以上の巨額な地震損害を政府が再保険することにより成り立っています。しかしながら、想定外に巨額の保険金支払いが生じても保険金は確実に支払われるべきです。そのため、個々の契約には種々の制限が設けられています。

地震保険の対象は居住用建物・生活用家財に限られます。事業用の建物や什器備品、現金や有価証券等、あるいは30万円を超える貴金属や宝石、骨とう品などのぜいたく品は保険金支払いの対象外です。設定できる地震保険金額についても、火災保険金額の30%～50%の範囲内かつ建物は5,000万円、家財は1,000万円までが上限となります。

1-10 私的財産の公的補償の始まり、雲仙岳災害対策基金

被災者の生活再建を行政が公費を用いて直接支援することは、私的財産の形成に資する公費の支出は許されない（私有財産の保全は自己責任が原則）、公的支出は公共のためにしか許されない（公平性・公共性の原則）という行政法の原理（行政法理）から、1998年（平成10年）までは行われていません。同年11月に施行された被災者生活再建支援法が、私的財産の公的補償に関する最初の法制度です。

1990年（平成2年）11月17日の水蒸気爆発から始まった長崎県雲仙普賢岳の火山噴火は、溶岩噴出、降灰、溶岩ドーム成長、溶岩ドーム崩壊による約6,000回にわたる火砕流、その後の度重なる土石流によって、島原市ならびに深江町に甚大な被害をもたらしました。とくに、1991年（平成3年）6月3日の大火砕流は、火山研究者で写真家のクラフト夫妻、報道関係者16名、消防団員12名を含む計44名の尊い命が失われる大惨事となりましたので、記憶に残っている方も多いことと思います。しかし、この災害が、被災者生活支援の契機となったり、災害ボランティアの先駆けとなったりしたことは余り知られていません。

雲仙普賢岳の火山災害では、火砕流や

土石流が繰返し発生しました。島原市は1991年6月7日、深江町は6月8日に災害対策基本法第63条を適用して警戒区域を設定し、約1万人の住民に対して長期にわたる居住地や農地への立ち入りを禁止しました。この措置によって、多くの命が救われた一方で、被災地の住民の不満が募ることとなり、住民は個人補償を求めるようになりました。ところが、やはり、私有財産の保全は自己責任が原則、公平性・公共性の原則という行政法理の壁を崩すことはできず、立法化への道は開かれませんでした。

そこで、長崎県は「災害対策基金の設置」に絞って、政府と交渉を続けることになりました。島原市出身の弁護士の福崎博孝氏によれば、その際、災害による個人財産の損失補償について、被災者の将来の生活再建支援という公的保障であって公的補償ではないというこじつけともいえる論理によって、政府を説得したとのことです。その結果、地方自治体が基金という間接的な事業形態によって、被災者に助成金を直接支給する救済・支援事業を行うという範囲であれば、政府はこれを許すこととなったのです。個人の損失補償ではなく、災害対策、被災者の救済という観点から住民等の自立復興を支援するという公的保障は詭弁であって、明らかに公的補償ですから、この基金が我が国の公費による被災者生活支援の先駆けということになります。

財団法人雲仙岳災害対策基金は1991年9月に設立されました。図1-3に示す同基金の仕組みを見ていただくと、基金には2つの種類があることがわかります。ひとつは長崎県からの出捐金〔しゅつえんきん〕と貸付金を運用した利息で支援事業を実施する行政基金で、もうひとつは、全国から寄託された総額233億円の義援金の一部60億円を積み立てて運用した利息およびこれを取り崩した元金により、支援事業を実施する義援金基金でした。長崎県からの貸付金は、国による起債補償を受けた上で大蔵省資金運用部から貸付を受けたもので、5年間据え置き元金一括償還方式、年利は280億円分が6.3％、残りの260億円が5.5％でした。この償還利子の95％が、地方交付税措置として国によって補填されましたので、間接的ですが個人財産の公費による損失補償といえるわけです。

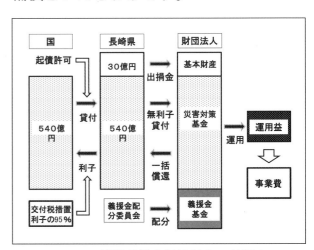

図1-3　普賢岳災害対策基金の仕組み

1-11 被災者生活再建支援法

被災者生活再建支援法は、その生活基盤に著しい被害を受けた者に対し、都道府県が相互扶助の観点から拠出した基金を活用して被災者生活再建支援金を支給するための措置を定めることにより、その生活の再建を支援し、もって住民の生活の安定と被災地の速やかな復興に資することを目的とする、と謳っています。表1-1は、被災者生活再建支援金の支給額を一覧でまとめています。全壊した世帯、および住宅が半壊して大規模な補修を行わなければ居住することが困難（大規模半壊）な世帯に対し、住宅の被害程度、世帯人数、住宅の再建方法に応じて、最大300万円までの支援金が支給されます。

図1-4は、被災者生活再建支援法の仕組みを示しています。相互扶助の支援金の支払い事務を行う被災者生活再建支援法人として財団法人都道府県会館が指定されています。47都道府県が拠出した基金（600億円）と基金の運用益、そして国からの補助金から、被災者の申請に応じて支援金が支払われます。国は、支援金の1/2を補助することになっています。

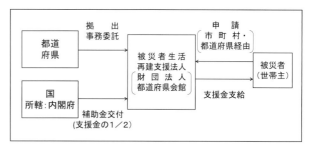

図1-4 被災者生活再建支援法

高齢者の多い密集市街地を直撃した阪神淡路大震災では、とくに高齢者の救済と地域の復興のあり方をめぐって、改めて被災者に対する公的補償に係る議論が巻き起りました。自民党・社民党・さきがけの与党3党国会議員が「日本を地震から守る国会議員の会」を結成し、住宅再建支援の検討を行う旨の附則条項が明記された被災者生活支援法案（与党案）をまとめました。また、新進党・民主党・太陽党の野党3党が「阪神・淡路大震災の被災者に対する支援に関する法案」（野党3党案）を国会に提出し、さらに、田英夫議員ら超党派の国会議員が「災害弔慰金法の改正法案」（市民立法案）を国会に提出しました。しかし、いずれも1997年（平成9年）6月に廃案となりまし

表1-1 被災者生活再建支援金の支給額一覧

区　分		基礎支援金　住宅の被害程度　①	加算支援金　住宅の再建方法　②		計　①+②
複数世帯（世帯の構成員が複数）	全　壊　世　帯	100	建設・購入	200	300
			補　修	100	200
			賃　借	50	150
	大規模半壊世帯	50	建設・購入	200	250
			補　修	100	150
			賃　借	50	100
単数世帯（世帯の構成員が単数）	全　壊　世　帯	75	建設・購入	150	225
			補　修	75	150
			賃　借	37.5	112.5
	大規模半壊世帯	37.5	建設・購入	150	187.5
			補　修	75	112.5
			賃　借	37.5	75

第1章 我が国の災害対策

た。同年7月には、全国知事会が「地震等自然災害による被災者の自立再建を支援する災害相互支援基金の創設に関する決議」を採択し、その創設を政府に要請しました。同年12月に野党が前記野党3党案と市民立法案を国会に再提出し、翌1998年4月から国会での実質的審議が開始されました。国会ではこれら2法案と前記与党案の一本化に向けた協議が行われ、各会派の合意により「被災者生活再建支援法案」が共同提出されました。同法案は同年5月14日の参議院災害対策特別委員会の議論を経て、翌5月15日に被災者生活再建支援法として成立し、同年11月に施行されました。

1-12 弔慰金

1967年（昭和42年）8月26日〜29日の集中豪雨によって山形県と新潟県下越地方を中心に河川はん濫、土石流が多発し、死者・行方不明146人、全半壊家屋3,000棟以上、床上浸水約27,000棟、床下浸水約56,000棟の羽越水害が発生しました。この水害で新潟県亀田町の佐藤隆氏は父母と2人の息子を失いました。佐藤氏の父親は新潟県選出の参議院議員でした。佐藤氏は、父親の急死に伴って行われた参院補欠選挙に自民党公認で出馬して初当選を果たし、以後、自然災害における遺族救済の法制化に取り組むこと

になりました。その佐藤氏が6年の歳月を経て1973年（昭和48年）に成立させたのが「災害弔慰金の支給に関する法律」です。

災害弔慰金の支給に関する法律は、災害により死亡した者の遺族に対して支給する災害弔慰金、災害により精神又は身体に著しい障害を受けた者に対して支給する災害障害見舞金及び災害により被害を受けた世帯の世帯主に対して貸し付ける災害援護資金について規定するものです。災害弔慰金、災害障害見舞金の支給額は、表1-2に示す通りとなっています。生計維持者（自活できる方）とそれ以外（被扶養者等）で支給額が異なります。災害弔慰金の支払い対象となる遺族とは、配偶者、子、父母、孫及び祖父母並びに兄弟姉妹となっており、この順位で対象遺族が決定されます。後述しますが、「並びに兄弟姉妹」が追記されたのは、2011年（平成23年）東日本大震災を契機とした法律改正によるものです。費用負担は、弔慰金、見舞金ともに国が1/2、都道府県1/4、市町村1/4となっています。

2011年東日本大震災の被災地の弁護士に、「病を抱えていた無職の弟を、同

表1-2　災害弔慰金、災害障害見舞金

種別	被災度	被災者分類	支給額
災害弔慰金	死亡	生計維持者	500
		上記以外	250
災害障害見舞金	重度の障害	生計維持者	250
		上記以外	125

居して同世帯で十数年間扶養してきたが、津波で自宅が被害を受け弟が亡くなった。ずっと家族として扶養してきたのに、弔慰金がでないのはおかしい（60代の男性）」、「二人暮らしであった弟は津波にのまれて亡くなった。両親を亡くし弟と二人で同じ飯を食って生計を一緒にして暮らしてきたのに、遺族として扱われないことが悔しい。その上、善意で集められた義援金まで行政の線引きで自分のところに届かないのは納得できない（40代の男性）」といった相談が寄せられました。その弁護士は、これらの情報を全国の弁護士にメールで知らせました。2013年（平成25年）6月、日本弁護士連合会は、そもそも民事法の法定相続人、生計を一にする兄弟姉妹に弔慰金を支給する自治体が存在し、横浜市や甲府市といった県庁所在都市に加えて東日本大震災の被災地である東松島市、栗原市等も兄弟姉妹への支給を定めている等を理由として、災害弔慰金の支給等に関する法律等の改正を求める意見書を、政府、政党、被災地の自治体に提出しました。そして、同年8月の改正に至ったのです。実は、1995年（平成7年）阪神淡路大震災でも同じ不合理が指摘され、議員立法の提案が行われましたが廃案となりました。ITの普及による情報流布のスピードが、法改正を後押ししたのかも知れません。

1-13 時間雨量と雨の降り方

　雨の強さに関する予報用語を覚えてもらいたいと思います。テレビの天気予報では、どのチャンネルであろうとも「強い雨が降ります」とか「非常に激しい雨が降ります」という予報用語を使います。これは、感情表現ではありません。表1-3をご覧ください。表中の時間10㎜～20㎜は「やや強い雨」になっています。時間100㎜というとんでもない雨が最近よく降るようになりましたが、これも、時間80㎜以上ですから「猛烈な雨」という用語を使います。台風の表現も同等なのですが、気象情報に使われるこれらの予報用語に基づいて、雨の降り方を判断してほしいのです。特に時間50㎜以上の雨では、「とんでもない事態が起こります」という警鐘を鳴らしているのですから外出してはいけません。例えば、車から軒下まで2mしかなかったとしても、一瞬でズブ濡れ状態になります。

　時間20㎜を超えますと、車の運転が非

表1-3　1時間の雨量と降り方

1時間の雨量	雨の降り方
10～20 mm	雨音で話し声がよく聞こえない。やや強い雨
20～30 mm	どしゃ降り。側溝がたちまちあふれる。小河川氾濫。大雨注意報。ワイパーは不能。強い雨
30～50 mm	バケツをひっくり返したよう。大雨警報。場合により、避難の準備を始める。激しい雨
50～80 mm	滝のように降る。土石流が起こりやすい。非常に激しい雨
80 mm 以上	息苦しくなるような圧迫感がある。恐怖を感じる。猛烈な雨

第1章 我が国の災害対策

常に困難となります。何とか運転はできるでしょうが、前が見え難いので危険です。少なくとも、時間20㎜を超えるような雨の場合は、外出を控えるべきです。自分の家族が外出すると聞いたら、できるだけ止めて欲しいのです。そのために必要なのが表現です。何㎜〜何㎜と言われても、なかなか覚えられませんが、「激しい」とか「非常に激しい」、と言われたら、「危険だから外出は控えよう」と思い、「猛烈な雨」は「とんでもない災害に繋がる」と感じてもらいたいのです。

1-14 長崎水害と記録的大雨情報

1982年（昭和57年）7月23日に長崎県南部地方に発生した豪雨（昭和57年長崎豪雨、気象庁）によって、市街地では水害が、郊外では土砂災害が発生し、犠牲者数299名、全壊・半壊家屋1,538棟、床上浸水17,909棟の被害が発生しました。長崎県はこの災害を7.23長崎大水害と命名しました。

この日、長崎県西彼杵郡〔にしそのぎぐん〕長与町役場で19時〜20時に時間雨量187㎜という我が国で観測史上最大の時間雨量が記録されました。ちなみに、気象庁観測所による時間雨量の記録は、この豪雨の際に長崎県長浦岳観測所、そして1999年（平成11年）に千葉県香取観測所で記録された153㎜です。3時間雨量でもこの豪雨で歴代3位の記録的豪雨が記録されました。長崎海洋気象台でも7月23日19時〜22時までの3時間に313㎜の降雨を観測しました。ちなみに日本の平均年間降水量は1,700㎜ですから、1か月分の雨が1時間で、2か月分の雨が3時間で降ったことになります。

1-15 3類型の避難勧告等

避難に関する三類型について説明します。ある大雨の際の恥を話します。自宅で妻とテレビを見ていたら、ニューステロップが出ました。そのテロップには、避難注意情報、避難勧告、避難指示とあり、文字通り「自治体が避難を勧告する」等の説明が書いてありました。これはひどいと思ったので、私は妻に正しい意味を説明した上で、同意を求めました。私が防災を専門とした仕事をしていますから、妻も災害対策には関心を持ち、自宅で食糧とか水は妻がしっかり蓄えています。いろいろなところで使えるようにと、ＬＥＤの懐中電灯も多数ストックしています。ですから、避難についてよく知っているものと思い込んでいたのですが、実は知らなかったのです。

表1-4に示すとおり避難準備情報は、要配慮者等の避難支援を開始するタイミングで発令されます。避難勧告は健常者

表 1-4　避難勧告等の 3 類型

3類型の避難勧告等一覧		
	発令時の状況	住民に求める行動
避難準備（要配慮者避難）情報	要配慮者等、特に避難行動に時間を要する者が避難行動を開始しなければならない段階であり、人的被害の発生する可能性が高まった状況	・要配慮者等、特に避難行動に時間を要する者は、計画された避難場所への避難行動を開始（避難支援者は支援行動を開始）・上記以外の者は、家族等との連絡、非常用持出品の用意等、避難準備を開始
避難勧告	通常の避難行動ができる者が避難行動を開始しなければならない段階であり、人的被害の発生する可能性が明らかに高まった状況	通常の避難行動ができる者は、計画された避難場所等への避難行動を開始
避難指示	・前兆現象の発生や、現在の切迫した状況から、人的被害の発生する危険性が非常に高いと判断された状況 ・堤防の隣接地等、地域の特性等から人的被害の発生する危険性が非常に高いと判断された状況・人的被害の発生した状況	・避難勧告等の発令後で避難中の住民は、確実な避難行動を直ちに完了 ・未だ避難していない対象住民は、直ちに避難行動に移るとともに、そのいとまがない場合は生命を守る最低限の行動

※自然現象のため不測の事態等も想定されることから、避難行動は、計画された避難場所等に避難することが必ずしも適切ではなく、事態の切迫した状況等に応じて、自宅や隣接建物の2階等に避難することもある。

も避難を開始するタイミング、避難をはじめる時なのです。「避難した方が良い」と勧められているのではありません。避難指示は、避難を完了するタイミングで発令される避難情報です。避難できなかった方は、すぐに避難できるのであれば立退き避難した方が良いのですが、外を見て危険だと思ったら、屋内で安全を確保するのが正解です。避難とは、公設避難所へと立退き避難をすることだけではありません。自宅の2階で身の安全を確保することも避難なのです。

1-16　おわりに

私はいろいろな講演会で無尽会こそが共助の基本であり、地域防災の要だと話しています。自助があって初めて共助があります。共助と公助が上手く連携し、住民・行政協働の防災体制が構築されます。その基本単位は、町内会や会社、スポーツクラブ等なんでもかまいませんが、要するに無尽会なのです。できるだけ、皆さんがこの講習会を通じて認識をしっかり持ち、それぞれの地域、環境に合った無尽会をつくっていただき、最終的に山梨県防災無尽会ができれば良いと考えております。

第2章
山梨県の防災対策

城野　仁志

2-1 災害発生時に地域で取り組むべきこと

　山梨県の防災対策について、ひとつ、具体的な例をあげて、ご説明します。

　もし、山梨県で東海地震が起きたら、県内各地が被害に見舞われると思います。その際、大地震の発生直後は、まず、それぞれの地域で、自主防災組織や消防団などが中心となり、人命救助や消火活動、負傷者の応急手当と医療機関への救急搬送、住民（特に要援護者）の安全な場所への避難誘導などを行うことになると思います。

　それと併せて、その地域だけでは対処できない事態が発生した場合は、各種の救援ニーズを迅速に漏れなく把握したうえで、役場に連絡していただく（救援要請を伝える）ことが、重要な取り組み課題となります。

　ちなみに、「食糧が足りない」とか「水が足りない」といったことは、人命救助ステージが落ち着いた後の話となります。

　大きな地震のときには、大抵、電話はなかなか通じません。地域だけでは救助しきれない人がいる場合、無線などを使って役場に一刻も早く連絡をして、救援を要請することが大切です。

　例えば、大きな地震が来た際に、仮に、皆さんの地域のあちこちで被害が生じていて、倒壊家屋の中に人が生き埋めになる。また、裏山が崩れてその下の家が埋まってしまう。

　一刻も早く救助しなければならない事案ですが、このようなことをいかに早く地域で漏れなく情報収集をして、地域内では対処できない緊急事案については、速やかに役場へ救援要請を出すことが大切です。

　そして、役場で対処できなければ、市町村からの救援要請が、県の災害対策本部に上がってきます。

　県の災害対策本部では、警察・消防・自衛隊などの救援部隊や医療機関などと協議を行いながら、どの地域にどの部隊を派遣するのかということを協議していきます。

　例えば、陸路では、各地の道路が崩落しているとすると、救援部隊を現地に送り込むのに、道路を応急復旧（道路啓開）しなければなりません。

　では、どの道路から応急復旧をするのか。災害発生直後は、基本的に、人命救助に最も大切な道路の復旧を中心に行います。

　県としては、市町村や地域から情報が入ってこなければ、救援対応は困難です。

　そのため、特に自主防災組織の中で、組単位での安否確認から始まって、迅速・確実に被害状況や救援要請を取りまとめ、役場に伝える仕組みづくりや、訓練の積み重ねが大切です。

2-2 情報の受伝達手段（非常通信）

皆さんの地域では、防災行政無線は、どのようなタイプの無線があるでしょうか。

一つのタイプとして、電信柱等についている固定型の無線機があります。昔からある同報系の防災行政無線機は、役場から一方的にお知らせがスピーカーで流れるものでした。最近では、電信柱の手が届くところにボックスがあり、その蓋をあけて通話器を取り、役場と交信ができるタイプが出てきました。これをアンサーバック（応答）式の防災無線機といいます。これが付いている地域が次第に増えつつあります。

もう一つのタイプは、移動型の無線機です。大体、役場が自主防災会長や消防団長（分団長）などに貸し出しを行います。

例えば南部町では、各自主防災組織の会長のところに移動型の無線機があり、年に一度は役場の防災担当の人と一斉に無線通信訓練を行うそうです。

皆さんの地域では、防災行政無線を使って、年に一回以上、役場と通信訓練を行っているでしょうか。

防災行政無線は、行政が相当な費用をかけて導入しています。これを訓練で使わなければ、宝の持ち腐れです。こうした訓練は、各市町村でも、ぜひ地域と一緒に取り組むようにとお願いしているところです。

無線機の配備状況は、市町村や地域によって異なります。自分の地域がどうなっているのかわからない方は、役場に問い合わせてください。

また、南アルプス市の場合は、ほとんどの地域に防災行政無線の設備はありますが、それに加えて、各地の指定避難所と市役所の災害対策本部に、同市のアマチュア無線組織の人たちがそれぞれ手分けをして配備につき、各避難所が市役所と連絡を取れる体制を取っています。

役場で配備した無線機がない場合でも、地域でアマチュア無線をやっている方がいらっしゃれば、このような体制を作ることによって、阪神大震災の時のように「情報の空白地帯」が生じないようにすることが大切です。

2-3 災害の種類

ここでお話する災害の範囲については、豪雨、豪雪、地震、火山噴火等々、国の災害対策基本法に規定されている災害の定義によるものです。

本県で起こりうる災害ということでは、次のような大規模災害に特に気をつけなければならないと思います。

2-3-1 土砂災害

県内には、土砂災害警戒区域が 7,089 か所あります。

大雨が降り続いているときに、気象台と県が共同で、皆さんの住む市町村に対して、土砂災害警戒情報を出したら、土砂災害警戒区域や土砂災害危険個所を抱える地域がどう対処すべきかを、日ごろから話し合っておくことが大切です。それらの場所の確認は、役場で作成している「土砂災害ハザードマップ」等で確認できます。インターネットでは、県の「山梨県土砂災害警戒区域等マップ」で、県内各地の危険区域を確認することができます。

2-3-2 富士山火山噴火

富士山のハザードマップをご覧ください。一番内側の①のエリア（第１次避難ゾーン）は、富士山の噴火口が生じる可能性のある地域です（図２-１）。

②の点線は、火砕流の届く範囲。火砕流とは、高熱のガスや噴石などが猛スピードで山腹を降りてくるものです。雲仙普賢岳の火砕流は、記憶にある方も多いかと思います。

噴石が飛んでくる範囲は、③の点線で囲まれた地域です。数センチの噴石でも、体の当たりどころが悪ければ命にかかわります。

④の点線で囲まれている部分（第２次避難ゾーン）は、溶岩流が３時間以内に流下する範囲です。

その外側の⑤の範囲（第３次避難ゾーン）は、溶岩流が24時間以内に到達する範囲です。

富士山の場合には、実際に噴火が始まってみないと、どこから噴火するのかわからないので、低周波地震や地表面の微妙な動きなどを、気象庁や東大・地震研究所などが、富士山周辺に設置した観測機器で常時観測しています。マグマが上昇して山体が盛り上がってきて、傾斜計がそれを感知すれば、噴火が近いと予測します。しかし、基本的には、噴火が始まるまで、何処から噴火するかわからないといわれています。

図 2-1　富士山ハザードマップ

図2-2は、富士山火山防災避難マップです。

気象庁が噴火警戒レベル3（火口周辺警報）の警報を出したら、登山している人や5合目にいる人はすぐに下山した方がよいです。噴火警戒レベル4の警報が出たら、3時間以内に溶岩流が到達する可能性のある第2次避難ゾーンの人も直ちに避難した方がよい。噴火警戒レベル5の警報になったら、その外側（第3次避難ゾーン）の人も、避難や避難準備をした方がよいです。

火山災害については、とてもわかりやすい番組をインターネットで見ることができます。内閣府の政府インターネットテレビの中で、各種の防災番組があります。その中に「火山災害から身を守るために」という10分近くの番組があります。インターネットが使用できる環境の方であれば、これを見ることをお勧めします。そのほかにも、防災に役立つ番組があるので、見ることをお勧めします。

2-3-3 地震災害

次に地震の話に移ります。平成24年8月に国が発表した南海トラフ巨大地震の

図2-2　富士山火山防災避難マップ

想定震度分布図（図2-3）によると、山梨県は、峡南地域や甲府盆地の南側、また富士北麓地域を中心に、震度6強のエリアに入ります。

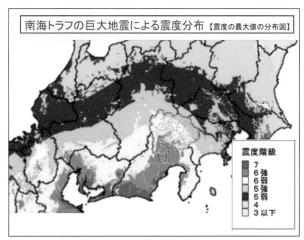

図2-3　南海トラフの巨大地震による震度分布
（出典：内閣府）

これはあくまで想定であるため、これ以上になる可能性も、以下になる可能性もあります。山梨県全体が相当大きな被害を受ける可能性があるということです。

東海地震が起きた時に、山梨県は山に囲まれていますので、急傾斜地で崩れやすい地域が各地にあります。

次に、直下型地震の可能性です。山梨県では、釜無川断層地震や糸魚川・静岡構造線地震、曽根丘陵断層地震、藤の木・愛川断層地震など、地図上で線がはいっている地域に活断層がありますので、このような所の周辺が大地震の起こりやすい地域となります（図2-4）。

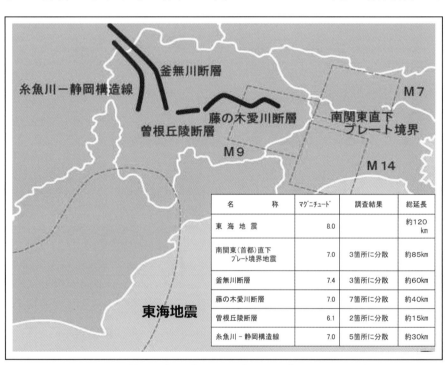

図2-4　山梨に影響を与える活断層とプレート境界地震

これ以外でも、目に見えない活断層もあると思いますので、この場所以外で直下型地震が起きないとは言えません。

山梨県が平成8年に発表した地震被害想定調査報告書では、例えば、釜無川断層地震が起きた場合に、南アルプス市においては、約半分の建物が罹災するなど甚大な被害が想定され、建物の倒壊等により385人の死者、約3,000人の負傷者が発生する可能性があるとされています。水道供給については約99％の世帯で断水被害が、また、電気に関しては約82％の世帯で停電が発生すると想定されます。急傾斜地の崩壊や地滑りによる被害も想定されます。しかしこれは、平成8年の想定であり、それから十数年経過して、地震に強い建物の割合が増えたので、想定の被害数はもう少し減ると思います。

震度7の帯が、南アルプス市の釜無川右岸を中心にできています。この地域に限らず、直下型地震が起きる活断層の周辺では、相当な被害が懸念されています。

東海地震や直下型地震の被害想定については、山梨県（防災危機管理課）のホームページに概要が掲載されています。

2-4　国・県・市町村の関係

次に、制度の話をしたいと思います。まず、国と県と市町村の3層構造についてです。

災害対応の基本は、市町村です。市町

村においては、大きな災害が起こった際などに、市町村の災害対策本部を設置します。平常時においては、市町村で防災会議を開いて、市町村域の防災関係機関等に集まって頂き、市町村の地域防災計画を諮ったり、基本的な防災対策を取り決めます。

県においても、県内で大きな災害が起こり、又は起こる可能性があり、県として災害応急対策を講じる必要があると判断すれば、災害対策本部を立ち上げます。平成25年10月以降は、その前段階で「災害警戒本部」を立ち上げることとしました。

さらに大きな災害が発生すると、国が非常災害対策本部などを立ち上げます。災害の規模が大きくなればなるほど、県や国が前面に出て、災害対応を担うことになります。

県の防災上の役割とは、本県における防災対策の総合調整役です。

大きな災害が発生した時は、県庁の防災新館4階に約百数十名の災害対策本部・事務局員（統括部員）が集まります。

本部・事務局には統括班や情報班、通信班、広報班、航空調整班、避難対策班、物資班、県民相談班、ボランティア調整班など、いくつかの班があります。災害対応の重要な役割を担う班ごとに、県庁の各部や防災関係機関等と連携しながら災害対応に取り組んでいきます。

2-5 防災に関する主な法律

次に、防災・危機管理に関する主な法律についてです。

2-5-1 災害対策基本法

まず、災害対策基本法が、災害対策の最も基本となる法律です。

これを基に、国や自治体が防災計画を作ります（国→防災基本計画、自治体→地域防災計画）。

同法では、災害の予防から応急対策、復旧・復興に至るまで、総合的な措置について規定しています。

国は、平成25年6月に災害対策基本法を改正しました。その中で、特に重要な部分を説明したいと思います。

住民等の円滑かつ安全な避難の確保ということで、市町村長は、学校など、災害時に避難者が一定期間滞在するための避難所と区別して、安全性等の一定の基準を満たす施設又は場所を、緊急時の避難場所としてあらかじめ指定することとしました。

東日本大震災では、海岸地域に住んでいる人が、津波がやって来た時に逃げ遅れて、たくさんの人が亡くなりました。役場の指定した避難所の一部も、津波に襲われました。また、指定避難所まで2〜3キロ歩かなければならないので、そこに行きつくまでに津波に襲われてしまうことがありました。これによって、例

えば静岡県沼津市の海岸線の地域では、行政の建物だけではなくて、マンションなどの民間ビルの上層階なども、市役所と話し合い、緊急避難場所として、住民が避難できるようにと指定してあります。

山梨県では、海はありませんが山がありますので、山津波（土石流）が起こる可能性があります。本県の中山間地域で、伊豆大島のような大規模な土砂災害が生じたときに、そこに住んでいる方は、役場の指定した避難所が２〜３キロ離れている場合があります。車に乗れずに避難するとしたら、どこに避難するのか。

具体的には、その時点で最も安全に避難できる場所です。例えば、山沿いや沢筋などの危険地帯から少しでも離れた、隣近所の丈夫な建物の２階より上などに緊急避難することお勧めします。「そうした場所に、いざというときは避難させてほしい」といったことを、地域で日頃から話し合って頂きたいと思います。

その次に、市町村長は、高齢者や障害者など、災害時の避難に特に配慮を要する者（避難行動要支援者）について名簿を作成することが義務づけられました。そして、本人からの同意を得て、消防や警察、民生委員、市町村社会福祉協議会、自主防災会長等の関係者にあらかじめ情報提供するものとするほか、名簿の作成に際し、必要な個人情報を利用できることとしました。

これによって、すべての市町村で、地域で住む、一人では避難が難しい人の名簿を必ず作らなければならない。さらにできれば、当事者一人ひとりの個別支援計画を、地域の人々と協議しつつ作成することが望ましいとしています。

その際には、一人での避難が困難な方一人ひとりに確認をとって、どのような障害を持っているのかを確かめます。例えば、けがによって体温の調整が困難な方（脊椎損傷等）の場合には、暖房のきいた部屋に優先的に入れるなど、その障害に対応することのできる避難所に優先的に移動することが必要になります。

皆さんの地域にそのような方がいらっしゃるのかということも、地域防災マップを作りながら、情報を関係者の間で共有しておくことが大切になります。

その基となる情報は、近い将来、本人や家族が「災害時に助けてもらう時に必要な情報を記した名簿を渡してよい」との同意が得られた方の「避難行動要支援者名簿」として、役場から、消防署や警察、市町村社会福祉協議会、自主防災会長などの支援関係者に配られることになると思います。

その名簿を受け取った自主防災会の関係者は、名簿に記された方々を、普段からどのように見守り、声をかけていくのか。また、災害の危険が迫り、避難誘導が必要な時や大きな災害で避難生活を送らなければならない時に、誰がその人の家に駆けつけて避難誘導するのか。さら

に避難誘導した先で、誰がどのように避難生活を支援するのか。その時にどのような配慮が必要になるのか。こうしたことを、普段から話し合うことが大切です。

2-5-2 地震対策に関する法律

それから、東海地震につきましては、昭和53年にできた大規模地震対策特別措置法に基づいて、山梨県では、丹波山村、小菅村を除いた25の市町村が、東海地震に係る地震防災対策強化地域になっています。強化地域に指定された市町村は、地震に備えた様々な対策を、国の補助金を活用して取り組むことができます。これまでに、公共建築物の耐震改修や、耐震性貯水槽の整備などが行われました。なお、この地域指定は、平成25年に成立した南海トラフ巨大地震対策特別措置法に基づく、南海トラフ地震防災対策推進地域に引き継がれています。

2-5-3 国民保護法

次に、国民保護法です。正式には「武力攻撃事態等における国民の保護のための措置に関する法律」といいます。

武力攻撃事態等において、武力攻撃から国民の生命、身体及び財産を保護し、国民生活等に及ぼす影響を最小にするための、国・地方公共団体等の責務、避難・救援・武力攻撃災害への対処等の措置が規定されています。

2-5-4 災害救助法

この法律の趣旨は、法で定める一定レベル以上の大規模災害が起きた時に、災害からの救助に必要な費用を、一定のルールに基づき、国庫負担や都道府県が積み立てた基金から拠出するというものです。

市町村が住民等の救助活動をやらなければならないときに費用がかかると、財政部署と話し合わなければならないという心配は、この法律が適用されれば、かなり軽減されます。

同法の適用は、原則として、災害により市町村の人口に応じた一定数以上の住家の滅失がある場合等（例：人口5,000人未満　住家全壊30世帯以上）に行います。

ただし、災害の発生直後は、そうした確認が難しいため、「多数の方が生命又は身体に危害を受け、又は受けるおそれが生じ、かつ多数の住家に被害が生じており、継続的に救助を必要としている場合」という規定を適用して対処するケースが多くあります。

もう少し細かい規定はありますが、これに該当すれば、具体的な被害を調査してそれが確定する以前でも、災害発生の当日に、市町村は県や国と協議を行い、災害救助法を適用してもらうことができます。これで、自治体は経費負担の心配をあまりせずに、諸々の救援活動ができます。

この災害救助法が適用されますと、例えば、避難所などの収容施設や仮設住宅の供与、炊き出しなどによる給食などの支給の対象となります。災害救助法に基づく避難所の開設期間は、原則は1週間です。しかし、東日本大震災では、とても1週間では避難所を閉じることができませんでした。したがって、もっと長期に開設する必要があることを、市町村が県や国と協議すれば、延長が認められます。また、行政の用意した避難所では足りない場合、民間のホテルや旅館などを高齢者や障がい者など要配慮者のための福祉避難所等として借り上げ、使用することができます。1泊で5千円ほどの費用助成で協力してもらい、いざという時は、提供してもらうことができます。

2-6 県の防災・危機管理対策

山梨県の防災対策の基本となる山梨県地域防災計画は、年度ごとに県防災会議に諮り改訂しています。一般災害編・地震編・火山編とありまして、主に予防対策と応急対策に分かれています。

例えば、防災行政無線施設の維持管理・運用。市町村や東京電力、山梨県建設業協会などの主な防災関係機関と、無線で連絡する設備を整備しています。なお、県と市町村との間は、地上系の無線と衛星系の無線の二系統を持っています。

また、甲斐市宇津谷に、県消防防災ヘリ「あかふじ」の基地があります。県警ヘリ「はやて」の基地は、市川三郷町内にあります。

同計画の中には、山梨県内での、大規模災害時の救援部隊の広域活動拠点も載っています。小瀬スポーツ公園等の大規模都市公園やアイメッセ山梨など、11か所あります。アイメッセ山梨は、県内の代表的な災害時物流拠点となります。県外から救援物資が来た場合に、一度アイメッセ山梨等に集め、そこで仕分けて、各地に送り込む流れが想定されてます。

それから水防対策は県土整備部治水課、土砂災害対策は砂防課、災害時医療対策は医務課、耐震化対策は建築住宅課、など関係課で担っています。

2-6-1 県災害対策本部

県の災害対策本部については、災害が大規模又は広範囲にわたり、県が前面に出て災害応急対策の総合調整を行わなければならない場合に設置します。

平成26年2月の豪雪災害時の反省から、同年10月に県地域防災計画を修正し、県災害対策本部を災害種別ごとに、従来よりも前倒しで設置することや、災害発生の危険が高まった段階で災害警戒本部を設置すること等を盛り込みました。

県災害対策本部の活動内容としては、山梨県防災会議の構成機関である指定行政機関や指定地方公共機関等と緊密な連

絡をとって、山梨県地域防災計画の定めるところに従い、必要な災害応急対策を実施します。

医療救護については、県内で大きな災害が起きて多数の負傷者が発生したり、病院に救急搬送しなければならない時等には、山梨県大規模災害時医療救護マニュアルに基づいて対処することとしています。

県全体の医療救護対策本部は、県災害対策本部の下部組織として県庁（本庁）内に設置しますが、地域本部は、県下の保健所に設置します。

そこで、様々な関係機関と連携しながら、災害時医療救護対策を行います。

全国的には、「ＤＭＡＴ」（ディー・マット＝災害時派遣医療チーム）という、厚生労働省が所管する組織があります。

東日本大震災でも活躍した組織です。災害発生直後に、救出・救助部門と一体となり、機動的に医療救護活動を行うチームです。全国で約200チーム、本県では、県立中央病院や山梨大学医学部附属病院などに設置。厚生労働省ＤＭＡＴ事務局等との調整により、必要に応じて派遣されます。

次に、災害時医療の方法ですが、大まかに２パターンがあります。

皆さんの地域で重篤患者を至急、病院に搬送しないと命にかかわる場合には、消防や自衛隊などのヘリコプター等の輸送力を使って、医療機関に救急搬送するという方法が一つ。

もう一つは、医療救護班やＤＭＡＴに地域に来てもらい、医療活動を行ってもらう方法。さらには、その二つの組み合わせがあります。

2-6-2　緊急消防援助隊

消防庁が所管する緊急消防援助隊は、阪神淡路大震災をきっかけとして全国レベルで人命救助活動を迅速に行えるように消防庁が組織したもので、平成16年の消防組織法改正により法制化されました。

被災地の消防力のみでは対応困難な大規模・特殊な災害の発生に際して、発災地の市町村長・都道府県知事あるいは消防庁長官の要請により、全国各地の消防本部に所属する部隊が出動し、現地で都道府県単位の部隊編成がなされた後、災害救援活動を行います。

指揮支援部隊、救助部隊、消火部隊、救急部隊、航空部隊などにより構成されています。

山梨県の部隊も、各消防本部にあります。本県で大きな災害が起きた場合には、主に東京消防庁が指揮支援部隊の代表を務めることになります。

緊急援助隊の出動スキームは、市町村が都道府県知事に出動要請をし、その後、知事が消防庁に要請を出します。消防庁が、どこの都道府県や市町村にどの部隊を派遣するのかを調整します。

2-6-3 ドクターヘリ

平成24年4月から、山梨県ではドクターヘリを採用しています。ヘリコプターで運ばなければ命が危ないという方等に対して、ドクターヘリが出向いて医療機関へ救急搬送を行います。概ね15分以内で、県内全域をカバーしています。

2-6-4 自衛隊

自衛隊の災害派遣は自衛隊法第83条によって定められており、災害時に各都道府県知事などの要請によって、防衛大臣又はその指定する者（方面総監など）が部隊に出動を命令し、救援活動を行います。

災害に際し、要請を待ついとまがない緊急事態と考えられる場合（震度5弱以上など）は、要請を待たないで情報収集や救助のため部隊を派遣することができます。

自衛隊の災害派遣の実施は、次の3原則が基準となります。
① **公共性**（公共の秩序を維持するため、人命又は財産を社会的に保護する必要性があること）
② **緊急性**（さし迫った必要性があること）
③ **非代替性**（自衛隊の部隊が派遣される以外に適切な手段がないこと）

このため、自治体が自衛隊に災害派遣要請をする際には、地域や市町村、県、警察、広域消防等の災害対応力では対処できない人命救助や緊急物資の搬送など、上記の3原則を満たし、それが自衛隊以外にできない業務であるかどうかを確認する必要があります。

2-7 市町村の発令する避難勧告等

災害対策基本法等に基づき、災害時に市町村長から発令される避難情報の種類について説明します。

まず、「避難準備情報」。言い換えると「要援護者避難情報」。それから、避難勧告、避難指示。それぞれの意味合いをしっかりと理解してください。

避難準備情報というのは、要援護者等、特に避難行動に時間や支援を要する方が避難行動を開始すべき段階で出されます。また、一般の人も災害の危険が迫っているので、すぐに安全な場所に行けるよう準備を始めてくださいという趣旨です。

次に避難勧告は、通常の避難行動ができる者が避難行動を開始すべき段階に出されるものです。

避難指示は、地域において災害の前兆現象の発生や、人的被害の発生する可能性が非常に高いと判断された時点、又は、人的被害の発生した時点で出されるものです。

避難指示の場合は、避難勧告等の発令後で避難中の住民は、確実な避難行動を直ちに完了すること。また、未だ避難し

ていない対象住民は、直ちに避難行動に移るとともに、そのいとまがない場合は、生命を守る最低限の行動をとることが大切です。

土砂災害や洪水災害の危険が地域に迫っている時に、外に避難することが危ないと判断した場合には、少なくとも家の中の２階以上の階で山から離れた場所等に避難しましょう。

例えば、同じ土砂災害警戒区域の中でも、少しでも山側や沢筋から離れた丈夫な建物の上階に避難する方が、被災する危険は少なくなります。そうしたことを、地域の防災マップをみながら、地域の人々が災害（危険）時の避難対策を話し合うことが大切です。

2-8 主な防災情報ポータルサイトの紹介

山梨県の全般的な防災情報は、「やまなし防災ポータル」（防災危機管理課が管理）に掲載されていますので、ぜひご覧ください。

また、携帯電話やスマートフォンに登録することで、気象庁や県からの重要な防災情報を入手できる「山梨県災害情報メール配信サービス」も、ぜひ登録することをお勧めします。

このサービスでは、登録した市町村毎の気象警報（注意報、警報、土砂災害警戒情報等）と併せて、山梨県の５キロメッシュ単位の地図上に、土砂災害の危険度を色別で表示したり、地区毎の雨量データや主要河川ごとの水位も把握することができます。

また、インターネットにつながったパソコンでは、「山梨県土砂災害警戒情報」のホームページを見ていただければ、１キロメッシュ単位の細かな土砂災害危険度の情報を、土砂災害危険エリアと一緒に、電子地図上で確認をすることができます。

さらに、平成26年7月からは、「山梨県防災ツイッター」の運用を開始しました。

県内で災害が発生したり、市町村が避難勧告を出したりしたときは、重要度の高い防災情報を、その都度発信していきますので、特にスマートフォンをお持ちの方は、ぜひご登録ください。

消防庁のホームページのなかでも、特に地域防災リーダーの方々にお勧めなのは「防災・危機管理ｅカレッジ」です。地域防災リーダー等の活動に役立つ知識を、分かり易く体系的に学ぶことができます。教材集をまとめた「チャレンジ！防災48」もお勧めです。

このような、災害時に役立つ情報入手手段を大いに御活用いただき、地域における適時適切な防災（災害）対応に役立てていただければ幸いです。

第3章
火山噴火のしくみと被害

藤井　敏嗣

第3章　火山噴火のしくみと被害

3-1　活火山とは

　地球の表面は十数枚のプレートと呼ばれる岩板で覆われていて、プレートはお互いに異なった方向に移動しています。世界中で火山が存在する場所は、①プレートが生まれる海嶺とよばれる場所、②一方のプレートが他のプレートの下に沈み込む場所、③プレートの真ん中の3種類に分けることができます。通常、火山がある場所では地震活動も活発です。海嶺の火山は海底下4,000m程度にあるため、通常は火山としては見ることができませんが、火山の基になるマグマの活動が世界中で一番活発なところです。

　海嶺で生まれたプレートは左右に移動していきます。たとえば、アメリカ・カリフォルニア州の沖合いに生まれた太平洋プレートは延々と1億年以上かけて日本列島までたどり着き、日本海溝、あるいは、伊豆マリアナ海溝で日本の下に沈み込んでいます。そういうプレートの沈み込む地域に火山が多く存在します。日本列島だけでなく、アリューシャン列島、アメリカ大陸の西海岸も同じです。南米にも海沿いに火山が並んでいます。また、インドネシアにも多くの火山が並んでいます。

　このように、プレートが沈み込む場所では地震も噴火も起こることが特徴です。日本列島には、今、110の活火山があります（図3-1）。これは、世界中の約1,500の活火山の7％にあたります。国土の面積は、世界の陸地の0.25％なのに、7％もの火山が集中しているのです。これほど火山が密集している場所は、日本の他にインドネシア、あるいは、アリューシャン列島の辺りしかありません。

　活火山とは、最近1万年間に噴火したことのある火山、あるいは現在でも活発に噴気活動をしている火山のことです。わが国では、数十年前には歴史上噴火したことのある火山を活火山と呼んだ時期もあり、当時は数も少なかったのですが、

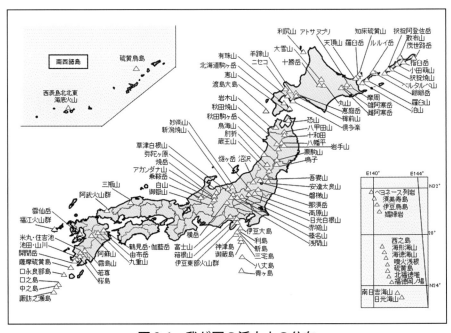

図3-1　我が国の活火山の分布
（出典：気象庁）

今は世界で普通に使われているのと同様、1万年以内に噴火したことがある火山を活火山と呼ぶと定義し直したので、110の活火山があるということになりました。

1万年というと人間の寿命と比べると大変長い期間ですが、この定義が適切であったという証明のような噴火がありました。2008年4月30日、チリ南部のチャイテン火山の直下で地震が起こりはじめました。「何が起こっているのだろう」と思っているうちに、27時間後には噴火がはじまりました。最高時には30kmの高さまで噴煙を上げ、噴火は1年以上続きました。休んでいた期間が9400年ですから、1万年という活火山の定義は適当だったということになります。

3-2 火山噴火とマグマ

地下深くで作られた約1,000℃位の岩石が溶けたドロドロのマグマというものが地面に近づいてくるか、あるいは、そこから噴き出してくるとそれを火山噴火といいます。

つねに、マグマが表面に現れるとは限りません。たとえば、マグマから分離した高温の気体成分が地下水と交りあって高温の熱水と呼ばれるものをつくり出すことがあります。地下では圧力がかかっているため、300℃程度の高温でも沸騰しません。お湯のままです。このような熱水たまりというものが火山体の比較的浅い場所にでき、地震が起こって少し圧力が下がったとか、マグマが接近してきて少し温度が上がったなど、ちょっとした刺激があると、熱水が水蒸気になろうとして膨張します。熱水が水蒸気になると1,000倍以上の体積に膨らむので、爆発が起こります。それを水蒸気爆発といい、その水蒸気爆発により生じる噴火のことを水蒸気噴火と呼びます。しかし、水蒸気だけが出てくるわけではありません。熱水が一挙に膨張するため、周囲にある岩石を粉々にして一緒に噴出するのです。その例が、2014年9月に起こった御嶽山の噴火です。

マグマの温度は、化学組成によって変わりますが、大体、1,000℃程度です。1990―95年の雲仙普賢岳噴火や、あるいは、有珠山2000年噴火のマグマは、デイサイトと呼ばれるものです。比較的低温ですが、それでも900℃程度です。もし、富士山で次の噴火が起こると、噴出するのは玄武岩マグマと呼ばれるもので、1,150℃から1,200℃と考えられます。

3-3 マグマだまり

地下深くで発生し、上昇してきたマグマは噴火の前には地下数kmから十数kmの深さのところに一度溜まります。このマ

グマ溜まりはよく丸く描かれますが、実際には平らだったり、あるいは、さまざまに枝分かれをしたような形で地下に存在しているようです。

　富士山の地下のマグマの通路を少し模式的に書くと、図3-2のようになっていると思われます。富士山の場合、20kmよりも深いところにマグマ溜まりがあります。ここにマグマが、少なくとも300年以上の間、せっせと蓄積を続けています。このマグマ溜まりは非常に大きなもので、そこから、時々スーッと、1億m³ほどのマグマが上ってくるわけです。上昇してきたマグマは深さ数km程度のところにもう一度マグマ溜まりを作るようです。そこから、更に動き出すと噴火が起こるわけです。

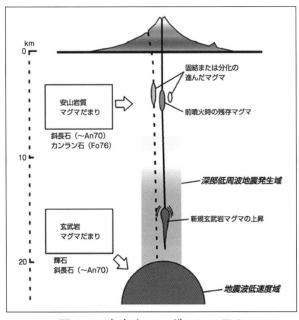

図3-2　富士山のマグマシステム
（Kaneko et al., 2011 を改変）

　通常の日本の火山のマグマ溜まりは、これほど深くなく、その意味で富士山は特殊です。伊豆大島の下では、8kmの深さのところにマグマが溜まっています。1986年に噴火がありましたが、その時以来ずっとマグマが溜まり続けているのです。

　桜島のマグマ溜まりは地下4kmの深さにある比較的小さなものですが、このマグマ溜まりには鹿児島湾のさらに奥にある錦江湾の地下10kmの深さのところにある大きなマグマ溜まりからマグマが供給されています。また、この大きなマグマ溜まりは、1914年の大正噴火以来、1年間に1,000万m³のマグマが溜まり続けていて、今は大正噴火の時とほとんど同じ量のマグマが蓄積していると考えられています。

　ところが、富士山だけはなぜか20kmよりも深いところにマグマ溜まりがあるのです。そのためにマグマ溜まりへのマグマの供給を探知することが難しいのです。10km程度の深さですと、観測によってマグマが毎年どのくらい溜まったかはすぐにわかりますが、深さが20km以上となると通常の観測手法では検知できません。マグマが10kmより浅いところまで移動してくると、地殻変動観測などでいろいろなことがわかるようになります。

3-4　マグマの粘性と噴火の前兆

　マグマの動き方、流れ方を支配する重

要なパラメータは粘性です。マグマの粘性は、化学組成や温度によって、10億倍変化します。富士山の玄武岩マグマは粘性が低く、サラサラしているため、地下で移動する速度がとても速いのです。たとえば、1時間で数km程度を移動できます。

そうかと思えば、粘性が大変高いマグマもあります。雲仙普賢岳や有珠山の昭和新山をつくったマグマなどは、粘性が富士山のものに比べて何万倍か大きいのです。粘性の高いマグマはゆっくりとしか移動できません。そういうマグマだと、何年も前から噴火の兆候をつかめるだろうと思うかもしれませんが、実は、粘性の高いものはゆっくりと上ってくるため、シグナルが微弱で、表面で観測していても移動の様子をとらえるのはとても難しいのです。結局、微弱なシグナルでもキャッチできるほど近くまで上昇してきたとき、はじめてとらえることができるようになります。

結果として、粘性が大きく異なっても、前兆現象をつかまえてから実際に噴火するまでの時間はあまり変わらないことになります。ですから、多くの火山で前兆をキャッチしてから噴火に至るまでの時間というのは短いと考えていただきたい。

地震は地下で岩石が突然割れる現象であるため、前兆現象をつかまえることは非常に難しく、「地震予知はできない」と言う人はたくさんいます。一方火山噴火の場合、下から高温で、ある量を持ったマグマが上ってこないと起こらないため、きちんと観測をしていれば必ず前兆はつかめるはずです。しかし、その前兆がとらえられてから噴火に至るまでには時間的余裕があるとは限りません。場合によっては、数時間の猶予しかないということもあります。

これまでに噴火前兆を観測した例を表3-1に示しました。明らかに噴火の前兆と思われる現象をつかまえた例です。噴火が始まってから、「あれは前兆だった」という例はたくさんありますが、表3-1に示したものは、実際に物事が進行している時に、もうすぐ噴火が確実に起こると考えられた例です。ここで見ていただきたいのは、一番右の発現時間というところです。これを見ますと、数時間から数日の場合がほとんどです。

表3-1 噴火前兆現象の観測例と前兆発現期間

噴火火山	観測された前兆	発現期間
1977年有珠山	群発地震	31時間前
1983年三宅島	群発地震	1時間半前
1986年伊豆大島	群発地震、地殻変動	2時間前（割れ目噴火）
1989年手石海丘	微動	2日前
1991年雲仙岳	群発地震等	1週間前（溶岩ドーム）
2000年有珠山	群発地震	数日前
2000年三宅島	群発地震	13時間前
2009年浅間山	傾斜変化	13時間前
桜島、十勝岳、浅間山（山頂噴火）	傾斜変化等	数10分～数時間（顕著な爆発的噴火）

桜島は近年、毎日何回か爆発をしていますが、爆発の前兆現象が現れるのは、数十分前から十数時間前です。桜島では、1回の噴火はそれほど大きくはありませ

んが、今のところ9割以上の確率で前兆をつかまえることはできます。このようにうまく予知ができるのは、これまで何万回も地震計や伸縮計などで噴火を観測しているからで、これは特殊な例です。

もちろん、マグマ噴火が必ず予知できるというわけではなく、いろいろな前兆現象があるものの、この段階だったらまだ噴火に至らないだろうと思っているうちに、噴火した例もありました。1986年の伊豆大島の噴火です。これは、いろいろなデータがほぼ噴火することを示していたのですが、唯一、大変有力な地殻変動データが変化しないので、まだ時間があると思っていたら、噴火してしまいました。

雲仙普賢岳は、1990年の11月17日水蒸気噴火からはじまりましたが、開始時期を正確に予知することはできませんでした。研究者たちは、近いうちに噴火があることを想定して、前日の16日まで火口近くに観測点を設置する作業をしていました。この作業が1日ずれていたら、研究者たちが被災したかもしれません。

マグマ噴火は多くの場合、それなりの兆候をとらえることはできますが、大きい噴火の時には前兆も早くから始まるというわけではありません。先述のチャイテン火山のように、9400年休んでいても前兆から噴火まで27時間しかないという例もあります。特に富士山を作っているような玄武岩マグマの場合は、世界の例からしても前兆が現れるのは数日から数時間以内が大部分です。ですから、富士山が次に噴火する時、十分な前兆期間があると思わない方がよいのです。

3-5 さまざまな噴火の展開

火山噴火のもう1つの特徴は、地震と違い、長く続くことがあることです。地震の場合は、余震で被害が発生することも時にはありますが、地震が起こったら災害としてはそこで一旦決着し、すぐにでも復興活動に入ることができます。ところが、火山噴火はそうはいきません。先述の雲仙普賢岳のように、最初に水蒸気噴火が起こり、それからしばらく静かなのですが、数か月経ってから、マグマ水蒸気爆発を起こすようになり、最後にはマグマを次々と噴出するようになることがあります。

それとは違い、最初の日が一番大きな噴火だったのは、300年前の富士山の宝永噴火です。1707年12月16日に、突然、富士山の山腹に穴が開き、そこから噴煙が高さ20kmぐらいまで噴き上がりました。その後、約2週間にわたって噴火は続きましたが、ほぼ毎日、15km程の高さの噴煙を上げていたようです。

それから、最初に激しい爆発的な大噴火をしたあとは、そのまま比較的穏やかな溶岩流出に移ってしまうという例もあ

ります。1914年の桜島大正噴火では、最初は爆発的な噴火をし、火山灰は、東京はもちろんのこと、東北地方にまで降りました。しかし、翌日には溶岩流を流す噴火に変わり、大隅半島と桜島を溶岩で陸続きにしてしまいましたが、これも最終的に溶岩流が止まるまで長い時間がかかりました。

　何年も小規模な噴火を繰り返し、最終的にはかなり大量の噴出物を出すことになる噴火もあります。雲仙普賢岳噴火がその例ですが、これは1990年から95年まで続きました。しかし、この記録をはるかに超える噴火も起こりました。

　雲仙普賢岳の噴火が終了した1995年に、カリブ海にあるモンセラート島のスーフリエール・ヒルズ火山で、雲仙普賢岳の場合とほぼ同じような噴火がはじまりました。山頂にできた溶岩ドームが崩れて火砕流を出し、その後にまた溶岩ドームが成長するという噴火を繰り返したのです。流れ出した火砕流は雨が降るたびに土石流になり、下流域に被害をもたらすことになったのです。この噴火は1995年から2013年までほぼひっきりなしに続きました。このことを考えると、雲仙普賢岳の噴火が6年で終わったことはむしろ幸運でした。

　このように、噴火は地震と違い、長い期間継続することも珍しくありません。ですから、1回ごとの噴火は小さくても、長期間続いて結果的には被害が大変ひどくなることもあるのです。噴火が始まった後も、どのように進行するかをきちんと観測して見極めないと対策がとれないという特徴を持っています。

3-6　火山噴火の現象

　火山噴火ではさまざまな現象が発生します。以下に個々の説明をしますが、場合によっては1回の噴火で複数の現象が重なって発生することも珍しくりません。

3-6-1　火山灰と噴石

　爆発的噴火では火口から砲弾のように噴石を飛ばしたり、火山灰を噴き上げます。

　気象庁が使う噴石という用語には2通りの意味合いがあります。1つは、大きな噴石で、空気抵抗の影響が少なく、砲弾のように飛んでくるものです。直撃されると、即死です。火口の近くではトラックぐらいのものが飛んでくることもあります。1m程度のものは、4km位はなれたところまで飛ぶことがあります。

　「小さな噴石」は火口からダイレクトに飛んでくるのではなく、噴煙によって高く巻き上げられ、風に乗って運ばれて、遠くで落ちてくるものです。こぶし半分程度のサイズであれば20km位離れたところまで降ってくることもあります。

　場合によっては数千mの高さから石が

落ちてくるため、当たったらケガをするか、打ち所が悪ければ死んでしまいます。小さな噴石と聞くとなにか可愛らしく聞こえますが、人に当たると大変なことで、その災害についても備えなければなりません。降ってくる小さな噴石で、車のリアウインドウが粉々になることはよくあります。

2000年三宅島噴火の時にもいろいろな被害がありました。場合によっては、灰が降り始めたら毛布をかけます。そうすることで被害をやわらげることができますから、これは見習った方がよさそうです。

噴煙は基本的に、その時の風に流され、その噴煙から火山灰が落ちてきて堆積します。とくに、中小規模の噴火の場合には、噴煙が高く上がらないので、比較的低空の風に流されます。低空の風は季節によりいろいろな方向を向きます。したがって、中小規模の噴火が1年中続いたとすると、山の周囲全域に灰が降ることになります。火山が円錐形に成長する理由の一つです。

しかし、大きな噴火の時は別です。大きな噴火では、噴煙は10km以上まで上り成層圏のなかに入ります。成層圏に入ると、日本の上空では通常、ジェット気流と呼ばれる偏西風が吹いていますから、噴煙はすべて東に流されます。

一つの例が先述の富士山宝永噴火です。100km以上離れた東京にまで火山灰が降り積もりました。図3-3の楕円状の線は、その線上で積もった火山灰の厚さをcmで表現しています。その線よりも山よりの内側にはその数字以上の火山灰が降り積もったことを意味します。山に近づくと「300cm」と書いてありますから3mの火山灰が積もったことになるのです。火山灰とは言いましたが、山に近づくと粒径は次第に大きくなり、径2mmを超えると火山礫となります。御殿場辺りは1m以上積もりました。この付近では多分、数cm程度の大きさの軽石でした。

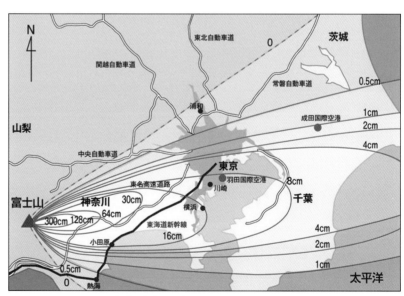

図3-3 宝永噴火の降下火山灰・レキの厚さ分布
（出典：内閣府）

3-6-2 溶岩流

マグマがそのまま地表を流れる現象を溶岩流と呼びます。1986年の伊豆大島の時には火口から溢れ出たマグマが三原山

の山腹に沿って流れました。特に夜の景色は見事で、多くの観光客が流れる溶岩を見に訪れました。しかし、2日後には、外輪山の外側に割れ目が走って、そこからマグマが噴泉のように噴き上がり、割れ目から流れ出した溶岩流の一部が元町という島の中心街に向かって流れ始めました。噴火が更に活発化することを心配して、1万人近くの住民が6時間のうちに全島避難をしました。

　溶岩流の場合、溶岩流そのものの速度は決して速くないため、普通の人であれば十分に逃げることができます。走らなくとも逃げられるスピードです。山の傾斜の急なところでは速いですが、そうでないところではゆっくり流れますから、それに襲われて死ぬという心配はいりません。しかし、一旦流れたところは溶岩で固まってしまうため、家屋と土地は失われてしまうことになります。

　温度は1,000℃程度ですから、森林地帯や林のなかに入れば山火事が起こります。巨大な木があれば溶岩流が固まった後、空洞になって残ります。富士山のあちこちに「お胎内」という洞窟がありますが、多くは、昔の巨木が溶岩のなかに取り込まれた跡なのです。取り込まれた木は炭になって無くなってしまい、跡が残っているわけです。このようなものを溶岩樹形と呼びます。

3-6-3　融雪型火山泥流

　冬季には、日本の中緯度よりも北の地域の高い山には雪が降り積もります。そういうところで火砕流が発生すれば、火砕流は600℃以上の高温ですから、積雪を一瞬のうちに溶かして大量の水がつくられ、周囲にある火山灰などを取り込み泥流や土石流となって麓を襲うことになります。このような泥流、土石流を融雪型火山泥流と呼びます。その有名な例が、国内では1926年の十勝岳噴火です。世界的にも有名な例は、1985年にコロンビアのネバド・デル・ルイスという火山の噴火の際のものです。山頂で発生した火砕流が氷河を溶かして大量の水を発生させたため、泥流が発生して、何十kmも離れた下流域を襲いました。アルメロという街では25,000人が土石流のなかに埋まり亡くなりました。

3-6-4　土石流

　火山灰が斜面に降り積もり、そこに雨が降れば、土石流が大小に関わらず発生します。とくに、火山灰が細かい時には、水の沁み込み方が悪いため、すぐに土石流が出ます。顕著な例は、2000年の三宅島噴火で、時間雨量4mmで土石流が発生しました。一旦土石流が出はじめると、あとは地盤も浸食して土石流の規模も次々に拡大することも起こります。桜島では、連日繰り返される噴火で山腹には火山灰が降り積もっているので、土石

流をコントロールするため、山の中腹から溝を掘り、海の中へ土石流を流しています。そうすることで、人家に影響を及ぼさないようにしています。

富士山の宝永噴火の時のように広域に火山灰が堆積すると、国交省のＴＥＣ-ＦＯＲＣＥ（緊急災害対策派遣隊）が出掛けて対策をしようとしても、あちこちで同時に土石流が起こるため、人手は足りなくなるでしょう。火山灰が大量に積もったら、土石流が起こることを覚悟しなければなりません。

3-6-5　火山ガス

2000年の三宅島噴火で注目されたのが火山ガスです。火口から吹き出す有毒の火山ガスのために、避難した島民が4年半に渡って島へ帰れなくなってしまいました。住民が火砕流の発生を恐れて避難した後、噴火そのものは大したことがありませんでしたが、火山ガスが出続けたために帰ることができなかったのです。

3-6-6　火砕流

火砕流とは、高温の火砕物片とガスの混合物が重力によって斜面に沿って流れる現象のことです。通常、火砕流は温度が高く、低温のものまで含めても、100℃から900℃の範囲です。火砕流が日本で有名になったのは雲仙普賢岳の噴火で、43人の方を一瞬のうちに死なせた火砕流は600℃ほどでした。これほど高温のものに遭遇すると、人間はひとたまりもありません。即死状態です。その時速は、数十kmから百km位ありましたから、逃げようがありません。まともに流れのなかに入るとどうにもできません。ですから、「火砕流が出そうな時は近づかない」というしかありません。

火砕流はデイサイトや流紋岩マグマと呼ばれる粘性の高いマグマが活動するときには起こりやすいのですが、富士山のような玄武岩マグマの噴火でも発生することがあります。富士山でも、最近4000年間に少なくとも15の火砕流が起こったことが確認されています。

3-6-7　山体崩壊

頻度としては稀ですが、山体崩壊という現象もあります。火山というのは非常にもろいものなのです。富士山でいえばたった10万年間であれほど高い構造物を作ったのですから、突貫工事の連続で、あちこちで手抜き工事をしたようなものです。激しい噴火が起こったり、近くで大きな地震が起こったりすると、それをきっかけに山が崩れることも起こります。

実際、2900年前に富士山の東側が崩れ、土砂のなだれ（岩屑なだれ）が今の御殿場の方向に流れました。土砂のなだれですから、流れが止まった後には、これまでよりもなだらかな斜面が出来上がり、人は生活しやすくなります。そこに、たくさんの人が住みついて、御殿場

の街が発展したのです。私たちの祖先はこれまで災害を克服して住みやすい場所を見つけてきたのです。しかし逆にいうと、しばらくしたら、そこはまた同じような災害にあうかもしれません。そういう国土に、われわれ日本人は住んでいるのです。

3-7 火山噴火予知

火山の活動というものは、長期的にみると大変不規則です。たとえば富士山の場合、奈良・平安時代は数十年おきに噴火していたことがわかります（図3-4）。ところが江戸時代になるとまばらになり、宝永噴火後は300年以上噴火をしていません。これほど不規則ですから、「あと何十年後に噴火する」などとは決して言えません。火山噴火の長期予測はほぼ不可能だと思ってください。

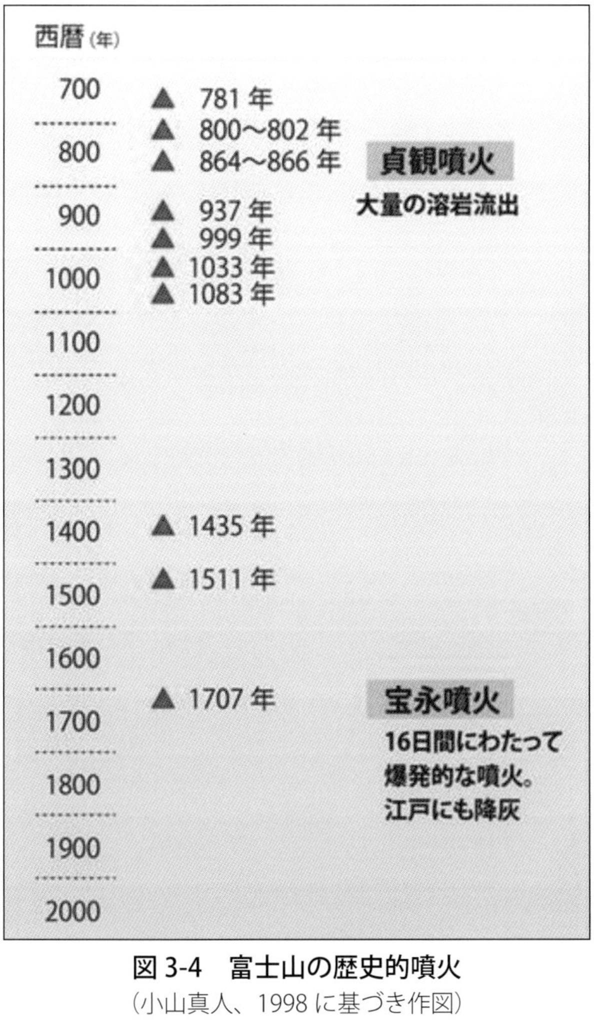

短期的な火山噴火予知についていうと、噴火前になんらかの異常をとらえることはできますが、噴火の日時を正確に予測することはまだ困難です。また、爆発的な噴火になるのか、穏やかな溶岩流を出すだけの噴火になるのかを事前に予測することも難しいし、噴火の規模についても事前にはわからないのが普通です。

そのことを示す例が有珠山2000年噴火だと思います。有珠山が2000年に噴火をした時、3日前に噴火を予知して住民16,000人に「逃げてください」と勧告し、全員が避難したため1人の犠牲者もけが人も出ませんでした。しかし、有珠山の噴火を1年前に予測した人は、火山学者のなかには1人もいません。噴火の1か月前に火山噴火予知連絡会が開かれ、有珠山の報告がされましたが、「データにはなんの異常もありません」という内容でした。実際には噴火の3日前になって地震が起こりはじめました。つまり、前兆現象が現れたのは、本当に直前でした。そのことは肝に銘じていただきたいと思います。

図3-4 富士山の歴史的噴火
（小山真人、1998に基づき作図）

3-8 噴火警報と警戒レベル

2007年に、気象庁が業務法を変え、噴火予報、噴火警報を発表することにしました。地震の予知はできないのでその警報は出しませんが、地震が起こったあとに遠地の揺れを予測して緊急地震速報を出すことを決めました。しかし、火山に関しては、「火山の活動をモニターし、火山噴火を予知して警報を出します」と宣言したのです。気象庁は噴火警戒レベルという5段階の警報・予報を、今、32の火山で運用しています。図3-5に示したように、レベル1の「活火山であることに留意」から、避難が必要なレベル5まで分かれています。これにしたがって、気象庁は火山活動の状況を判断して、「今はレベル3です」というように、警報を出す義務を負いました。

御嶽山の場合も、もしレベル2に上げていれば犠牲者はあれほどにならなかったでしょうが、レベル2に相当する前兆が出ていないと気象庁は判断して、レベル1のままにしていました。火山噴火の予知技術はまだ完成していませんから、タイミング良くレベルが上がるとは思わないでください。場合によると、レベル1から突然避難が必要なレベル5になることもあり得ると考える必要があります。

3-9 今後の火山活動

最近日本で起こっている噴火はいわば小粒です。霧島新燃岳2011年噴火では約2千万m³のマグマを噴出した中規模噴

図3-5 噴火警戒レベルと警報
（出典：気象庁）

火でしたが、それ以外の噴火は40万m³以下の小規模な噴火が大部分です。しかし、日本でも過去にはもっと大きな噴火がたくさん起こっていました。表3-2に示したのは、江戸時代以降の噴火の記録で、3〜10億m³と、10億m³以上のマグマを出した噴火を並べたものです。各世紀に4回や6回ほど、大規模噴火が起こるのが日本の本来の火山活動です。ところが、20世紀には、桜島の1914年と1929年の北海道駒ヶ岳の噴火だけです。1929年以降、ほぼ百年近く大きな噴火は起こっていません。これは少し異常です。これから先、日本のどこかでいくつかの火山が大きな噴火をすることは覚悟した方が良いでしょう。今までの、百年間と同じことがずっと続くと思ったら間違いです。

表 3-2　17 世紀以降の大噴火（噴出物量は溶岩換算値、磐梯山噴火噴出物の大部分は既存の山体構成岩石）

	噴出物の量	
	10億m³以上	3〜10億m³
17世紀	北海道駒ヶ岳（1640）	北海道駒ヶ岳（1694）
	有珠山（1663）	
	樽前山（1667）	
18世紀	樽前山（1739）	富士山（1707）
	桜島（1779-82）	伊豆大島（1777-79）
		浅間山（1783）
		雲仙岳（1782）
19世紀	磐梯山*（1888）	有珠山（1822）
		有珠山（1853）
		北海道駒ヶ岳（1856）
20世紀	桜島（1914）	北海道駒ヶ岳（1929）
21世紀	?	?

そういう状態のなかで、2011年3月11日に東北地方太平洋沖地震が起こり、日本の地下で200km×500kmの岩板が一瞬のうちに数十m動いたのです。これが日本中の地殻に影響を及ぼさないはずがありません。世界の例では、こういうM9に達するような巨大地震が起こった5つの地域では数年以内に火山噴火も起きています。ですから、日本でも、噴火は起こると身構えていましたが、3年以内に噴火が始まったのは、西之島だけです。これは東北地方太平洋沖地震の震源からも1,000km以上離れていることから、地震との関係は断定できませんが、もしかすると誘発されたのかもしれません。東北地方太平洋沖地震というのは、日本列島にとって大変大きな出来事でした。これから先も、これに誘発された噴火が起こる可能性は残されています。

大地震に誘発されて噴火が生じるという考えとは別の見方もできます。最近の日本での地震の起こり方が大地動乱の時代と呼ばれる9世紀後半の日本によく似ていると思われるからです。9世紀後半には古文書に残るような大きな地震が頻発しました。中越地域、三陸沖、信越地域など、2004年の中越地震や2011年の東北地方太平洋沖地震などと同じような地域で起こっています。三陸沖の大地震の18年後には仁和の地震という、中央防災会議が今後数十年以内に発生する確率が非常に高いとしている東海・東南海・南海の3連動の地震と同様の地震まで起こりました。地震の起こり方は最近とそっくりなのです。

実はこの9世紀後半にはたくさんの火

山活動も起こっています。富士山や伊豆の火山等もこの数十年の間に大噴火をしています。地震だけではなく火山噴火も起こるという意味でも、まさに「大地動乱の時代」といえます。この時期、千年に1回程しか噴火をしない神津島や新島も噴火をしています。このように考えると、今の日本は9世紀後半と同様に日本中が不安定な時期になっていて、火山噴火も活発化すると想定したほうがよさそうです。富士山の噴火も遠い先のことではないかもしれません。

3-10 富士山の噴火

それでは、富士山の次の噴火はどのようなものでしょうか。

図3-6の縦軸は噴火の回数です。横軸はマグマの量に換算した噴出物量で、噴火の規模を表しますから、右側ほど大きな噴火です。この図からわかることは富士山で起こった噴火の8割は2千万m³以下のマグマを噴出する小規模噴火だということです。貞観の噴火や宝永の噴火のように大きな噴火はめったに起こらないことがわかります。したがって、統計的には、次の噴火は小規模噴火である確率が高いといえます。

ただ、物事はそれほど単純ではありません。いかに確率が高いからといって、次に起こる噴火が必ず小規模噴火であるという保証はありません。

アメリカのスミソニアン博物館が最近200年間で起こった世界の大噴火を数え上げたことがあります。富士山の宝永噴火と同じくらいか、それよりも規模の大きい噴火は世界中で最近200年間に15噴火ありました。さらにその15の噴火のうち11の噴火は、それぞれの国で史上初の噴火だったのです。どんな国も最近500年くらいはしっかりした噴火記録があります。それはいわゆる発展途上国でも、大航海時代以降は宣教師が滞在して、記録を残しているからです。したがって、その国で史上初ということは数百年ぶりに噴火をしたということを意味します。15噴火のうち11噴火が数百年ぶりということは、数百年間静かだった火山が噴火をすると、爆発的で大規模な噴火になりやすいといえそうです。したがって、300年以上休んでいる富士山の次の噴火は、統計的には小噴火の確率は高いものの、宝永と同じか、それ以上の大きな爆発的

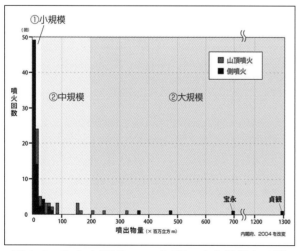

図3-6　富士山最近3200年間の噴火規模と回数
（出典：内閣府）

噴火になることも想定しておいたほうがよさそうです。そういうことも想定していないと、対策を誤ることになります。

富士山の場合、非常にやっかいなことは、次の噴火はどこで起こるのかが、あらかじめわからないということです。山頂に立派な火口がありますが、あの山頂の火口は最近2200年間使われたことはありません。つぎつぎと違う場所に穴を開けて、あるいは、割れ目をつくって噴火を起こしています。今は静かな状態ですから、この状態で「次の噴火はどこだ」といわれてもわかりません。

富士山のハザードマップでは次の噴火が起こる可能性のある火口の位置を3つの領域で区分しています（図3-7）。中心のものは大規模噴火が起こる可能性のある場所、その外側の領域は中規模噴火の、一番外側の領域は小規模噴火が起こる可能性のある場所です。過去の例からすると、この3つの囲まれた領域のどこで噴火が起こっても不思議ではありません。

宝永噴火の時には、今の山梨県の地域は火山灰の影響をほとんど受けなかったので、「次の噴火が爆発的であっても山梨は大丈夫だ」と思っている方がいるかもしれません。しかし、山頂の北西側で火口が開いたとして、宝永噴火と同じくらいの規模であれば、山梨県も大きな被害を受けることになるのです。たとえば、山頂の北西麓にある大室山付近で噴火をすると、山梨県の富士吉田とか鳴沢村付近は、厚い軽石や火山灰の中に埋まってしまいます。場所によっては数mの厚さにまで達するかもしれません。宝永噴火のことばかり想定して、山梨県は安泰だと思っていたら大間違いです。火口がどこに開くかによってまったく違うことが起こります。

3-11　おわりに

火山防災のために必要なことは、国として噴火予知の技術を向上させることはもちろんですが、国民が火山とはどんなものであるかを知っている、火山が噴火すればどういうことが起こるかということを、きちんと知っていることです。火山に登っていて、突然噴火が始まったら

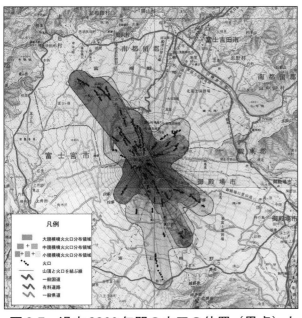

図3-7　過去3200年間の火口の位置（黒点）と噴火発生可能領域（中心：大規模噴火、中心の外側：中規模噴火、一番外側：小規模噴火）

（出典：内閣府）

何をすべきか知っていることが重要です。もし、突然噴煙があがったら、噴煙と反対側に直ぐに逃げることです。山小屋等に駆け込むのも効果的です。噴火の写真を撮影している余裕などないのです。どういう噴火のときにどう備えるのか、火山を知っていると自分の身を守ることにつながります。

　高校で地学を選択する人は3割以下ですから、多くの人にとって地震と火山のことを学校で学ぶのは中学一年生の時が最後なのです。日本人の大部分が、中学一年のときの地震と火山の知識のまま社会人になるのです。それでは困るので、きちんとした防災教育が必要です。

第 4 章
地震災害史

林　晏宏

第4章 地震災害史

4-1 はじめに

　山梨はこれまで東海地震、関東大地震、神奈川県西部地震、山梨県東部地震による災害を繰り返し受けてきました。とりわけ100年～150年おきに発生してきたマグニチュード8クラスの東海地震に、甲斐国・山梨は東海地方と同様激しく揺さぶられました。山間部の集落は大規模な山津波に襲われ、甲府盆地は大地が引き裂かれ壊滅的な被害を受けました。

　「いつ起きてもおかしくない」とされ、次の発生が切迫しているという東海地震の過去3回の被災記録と関東大地震について、国や県、大学等の所蔵文書や調査報告書、古文書、それに地震学者などの論文や著書、また県内の市町村誌の記録、郷土史家や古老へのインタビュー、記録や証言で知りえた被災地の現地取材の一部を記しました。

4-2 明応東海地震（1498年）

　国立天文台が発行する『理科年表』（平成21年版）によれば、1498年9月20日（明応7年8月25日）にマグニチュード8.2～8.4の地震が発生しました。「紀伊から房総にかけての海岸と甲斐で振動が大きかった…南海トラフ沿いの巨大地震とみられる」と記されています。また、『新編　日本被害地震総覧』（宇佐美龍夫著、東京大学出版会、平成9年）によれば「甲斐で振動大きく…遠江では山崩れ地裂けた…宝永地震・安政東海地震に似る…」とあります。これは戦国時代、武田信玄の父信虎が4歳の時の大地震でした。

　南海トラフで起きたマグニチュード8クラスの巨大地震とみられていますが、本県については「甲斐で振動大きく」とされているものの、甲斐全般にわたる被災資料は見つかっていないようです。しかし戦国時代の富士北麓の農業、経済、災害など、当時の人々の暮らしや苦難が記されている写本「勝山記」（勝山村富士御室浅間神社所蔵）の中に、「明応七年…八月廿五日辰剋ニ大地震動シテ日本国中堂塔乃至諸家悉頽レ落大海辺リハ皆々打浪ニ引レテ伊豆ノ浦ヘ悉ク死失小河悉損失ス同月廿八日大雨大風無限申剋当方ノ西海長浜同大田輪大原悉ク壁ニヲサレテ人々死ル事大半ニ過ヘタリアシワタ小海ノイハフ皆悉流テ白山ト成リ候」と記されています。大意は「明応7年8月25日（新暦9月20日）、東海地方に大地震が起こり、日本中の寺院や家々がことごとく倒壊した。海辺では多くの人々が打浪（津波）にさらわれて、伊豆の海に流され、ことごとく死んだ。また小川もことごとく破壊された。（3日後の）同月28日には大暴風雨が襲い、この辺りの西海、長浜（現在の足和田地区）、大田輪（現在の鳴沢村）、大原には土石流が押し出して多くの人々が死んだ。足和田や小海の山

はあちこち崩れて白い岩肌がむき出している」といったところでしょうか。

つまりこの地震のさい、西湖周辺で大規模な山津波が起き、多くの人々が犠牲になったというのです。

災害は同じ場所でくり返すといわれますが、昭和41年に足和田村土石流災害が発生し、大きな被害を出しています。地震との関連はないので詳細には触れませんが、9月25日未明、台風26号によって旧足和田村で大規模な土石流が発生しました。この台風では県内いたる所で土石流洪水が発生し、県内全体の犠牲者数は175人にのぼりました。明応東海地震の被災は新暦9月20日でしたから、3日後の大暴風雨は昭和の足和田災害と同じ秋台風だったのでしょう。

前述のように、明応東海地震では古記録に「甲斐で震動大きく」とありますが、西湖周辺以外、たとえば国中〔くになか〕などの被災記録が見つかっておらず、被害の全体像は詳らかではありません。ただし、昭和の足和田災害から考えますと、甲斐国はこの時、マグニチュード8クラスの東海地震とともに、台風水害による大規模な"複合災害"に見舞われたことは想像に難くありません。足和田災害を機に"土石流災害"という名称が広く使われるようになりました。山梨の山岳地帯は脆く、絶えず崩壊を続けています。土石流を引き起こしやすい危険渓流は県内全域に存在し、大地震や豪雨によって何処にでも発生するおそれがあります。県内の"土石流危険渓流"は約1,700か所あり、41,000戸の人家と公民館や学校、福祉施設など4,000もの公共施設が保全（危険）対象に指定されています。東海地震・南海トラフ巨大地震の震源域は県南部にまで広がっているだけに、土石流対策は山地災害の最大の課題となっています。

4-3　宝永地震（1707年）

1707年10月28日（宝永4年10月4日）未〔ひつじ〕刻（午後2時頃）マグニチュード8.6、我が国の近世最大級の地震の一つであるいわゆる宝永地震が発生しました。地震から49日後の午前10時頃、富士山が噴火。噴火は16日間続き、東麓方面では降灰で激甚災害となりました。

4-3-1　富士川谷の被災

富士川谷では、甲斐・駿河の国境〔くにざかい〕にまたがる白鳥山（標高568m）の東斜面が、推定震度6の激しい揺れで大崩壊しました。崩壊のさい、白鳥山直下にある橋上村の村びと8人が土砂に埋まって死亡しました。その記録が村はずれにある墓標に記されています。橋上村はこの地震による崩壊土砂で埋め尽くされたと伝えられています。

山津波となって崩れ落ちた600万㎥もの

土砂は、富士川の本流を塞き止めたうえ、対岸の長貫村の人家7軒を襲い22人が生埋めとなりました。長貫村にはその冥福を祈って、村人たちが銭百文と米一升を出し合って建立したという慰霊碑が、山裾の木立の中にたたずんでいます。

崩れ落ちた土砂で塞き止められた富士川は、崩壊現場から4kmほど上流の万沢辺りまで巨大な河川湖となり、3日後に決壊し下流の駿河の幾つもの村を濁流が呑み込んだということです。

身延山久遠寺の宿坊・山本坊に残されている過去帳には「山内ニテ十八人死」とあります。また端之坊の過去帳には「宝永四丁亥十月大地震未ノ上刻ヨリ棚沢ニテ円成坊死ス　下町無縁ニテ死スモノ男十二三人有縁無縁精霊」とあります。『身延山史』(昭和48年)には「山内死者十八人　諸堂ノ破損又甚ダシ」などと記されています。この地震では端之坊のほか覚林坊、志摩坊、高雲坊、円台坊などが大破した記録が残されています。

4-3-2　甲府盆地の被災

宝永地震では、富士川谷よりも震源からさらに遠く離れた甲府盆地で甚大な被害となりました。

『新編　日本被害地震総覧』に掲載された「楽只堂年録」(柳沢吉保家の記録書)によりますと「(地震の)翌5日卯刻、甲斐を中心に大余震あり、甲斐などでは本震より強く感じ、大きな被害となった(意訳)」とし、「死者24、傷62、堤等25459間」と記載されています。甲府盆地南部にある市川三郷町の旧高田村にある一宮浅間神社帳の記録には、281軒が全半壊し、4か所の寺が倒れ、土手が崩れて平らになってしまったり、田畑が裂けたりしたと記され、周辺各地で地盤が液状化したものとみられる記述があります。

『甲西町誌』(昭和48年)によりますと、地元の「市川文蔵家覚書」と新津容策家の「往年異記」の記録には荊沢村周辺の15の村が残らず潰れ、田畑はゆり崩れ、翌5日の朝も家が潰れたといいます。また落合村では85軒の家が皆潰れ、56軒が半潰れとなり、さらに西南湖村や和泉村は、村ごと川の方へ移動したとも記されています。これは地盤が広範囲にわたって移動(地盤の液状化による側方流動)したのではないかと推測されています。

甲府盆地は釜無川や笛吹川、荒川など幾つもの川が形成した堆積盆地です。川の上流の山々で崩壊した土砂が洪水に運ばれて堆積し、盆地平野が形成されました。こうした堆積盆地では震源地から遠く離れていても、到達した地震波が盆地の軟弱地盤の中で増幅し地表を激しく揺さぶります。この結果、川沿いや旧流路跡、それに沼地や湿地を埋め立てた地盤では液状化も加わり、家の倒壊や道路・田畑の亀裂や陥没をまねきます。

4-3-3 富士北麓・県東部の被災
～巨大地震と富士山噴火～

宝永地震は近世以来、最大級の巨大地震となり富士山の爆発的噴火を誘発し、"宝永山"という新たな火口を形成しました。激しい降灰は富士東麓から江戸方面に至るまで広がり災害をもたらしましたが、甲斐国の中で何が起きたかは広く知られてはいません。

以下は、富士北麓のすその郷土研究会編集「すその路」5号（平成21年）に掲載された特集記事です。孫引きとなりますが、記事では忍野の旧家が所蔵している「富士山焼砂吹出乱剰」という記録書にある次のような記述を紹介しています。

「四日大地震…どろどろと鳴り響く（地鳴り）…平野村に石砂が降り落ち…老若男女　我が家を捨てて童・牛馬を連れて逃げた　…降灰は平野村一尺一寸、長池村八寸、山中村二寸五分降り積もった…」

平野村の降灰が最もひどかったようです。被災した百姓たちは噴火がおさまったものの仕事も出来ず、作物も獲れず種籾も食いつくし飢えてしまったので、憐れみを以て、また復興のためにも食い扶持を恵んでほしいと役所に嘆願書を出しています。また「内野村ト申ス郷ハ能キイエハ何事モ無シ是又悪シキ家ニハ破損出来テ相潰シ申候…長池邑扨山中村西隣忍草邑五ケ村ハ右同断」とあり、忍野村の頑丈な家は何事もなかったが、そうでない家は破損して潰れた、長池村、山中村、西隣の忍草村も同じような事態となった、と記されています。噴火口が富士山の東側だったため甲斐国は東麓のような大惨事には至りませんでしたが、北麓の農民たちは火山灰に厚く覆われた農地を回復するのに苦労したと伝えられています。

写真4-1　富士山と宝永山
（山梨日日新聞社提供）

マグニチュード9.0の超巨大地震が起きると、その周辺の火山が噴火する可能性があると多くの火山学者が指摘しています。南海トラフ巨大地震の想定はマグニチュード9.0です。富士山はマグニチュード8.6の宝永地震が誘因となって大爆発しました。富士山は若い活火山ですが、宝永噴火以来300年間眠り続けたままで、いつ目覚めてもおかしくないものの、今の火山学では正確な噴火予測は不可能だということです。

4-4 安政東海地震（1854年）

1854年12月23日（嘉永7年・安政元年11月4日五つ半過ぎ〈午前10時頃〉）、安政東海地震が発生しました。震源域は熊野灘から駿河湾にかけての領域で、マグニチュードは8.4でした。その32時間後に、安政南海地震が発生。震源域は、紀伊半島から四国沖にかけての領域で、マグニチュードは8.4でした。震害の最も大きかったのは、天竜川河口にいたる沿岸地域で、甲府、松本、福井では安政東海地震による大規模な被害が発生しました。

幕末に起きた安政東海地震については、多くの被災記録が残されています。以下、山梨県内の被害について見てみましょう。

4-4-1 富士川谷の被災

甲斐と駿河との国境の白鳥山の東斜面が安政東海地震で再び崩壊し、直下の橋上村では山仕事をしていた6人が崩れた土砂や落石に巻き込まれて死亡しました。崩落した60万㎥の土砂が今回も富士川を塞き止め、再び河川湖をつくりました。富士川は翌日決壊し下流の村々は濁流に流されて茫々となりました。安政東海地震が起きたさい、今の南部町万沢地区の国道52号線沿いの越渡山〔こしどやま〕の山腹に大亀裂が出来て崩壊のおそれがあり、麓の住民は15日間家を離れて避難生活をしましたが、崩壊には至りませんでした。郷土史に詳しい人によれば、その場所が何処かは定かではありませんが、以来、山の風化がすすみ、「住民が避難したあの時に崩れ落ちていればよかったのに…」と、次の東海地震での崩壊を心配しています。安政東海地震で白鳥山が崩壊し富士川を塞き止め、決壊した時の状況が駿河県境の村の『萬澤村誌』（昭和7年）の中で次のように伝えられています。

「安政元年十一月四日甲駿大地震あり　駿河もっとも甚だし　此の際白鳥山崩れ長貫村迄富士川の流域を塞ぎ下流之がため全く涸渇するに至る　已にして貯水一方を突破し滔天の勢いを以って直下奔流し　富士郡加島村宮島を衝きて海に入る
於是岩淵中の郷蒲原一帯の西岸歩茫々河原に変したり　越渡区うえの山道亀裂を生じ越渡山総崩れあらんかと心配せしは此の大地震の時なりし　住民戸外に起臥せしこと十五日間なりしと云う」

写真4-2　白鳥山
（山梨日日新聞社提供）

また旧富沢町役場や当時の中沢〔なかっさわ〕村の庄屋だった望月慎一家など

に残されている古文書の記録によりますと、中沢村や大城村などを中心に多くの家々が全壊もしくは半壊した記録が残されています。被災した場所は根熊断層などの断層線に沿った集落が多く、揺れやすく崩壊しやすいこの辺りの地形の特質を示しています。しかし、このような被災の実体は地元の人々に伝わっておらず、今の望月家の人々も「大地震で村が被災したことなど先祖から聞いたこともなかった」ということです。

このように富士川谷（峡南地方）では、宝永地震につづいて安政東海地震で再び大災害となりました。しかし、その言い伝えさえ受け継がれていません。山梨県の江戸時代から明治時代にかけての様々な資料を集めた古文書集『甲州文庫史料』（全8巻、昭和48年〜55年）に収められた「大地震之記」の中に身延山久遠寺と門前町の被災について次のような記述があります。

「本堂祖師堂弐ケ所無難　此外諸堂大損じ　身延山　身延山町中半潰」（「嘉永七寅年十一月　地震潰家取調帳」聞書覚より。大意：久遠寺の本堂と祖師堂は無事だった。ほかの御堂は大破した。門前町の半分が潰れてしまった）

写真 4-4　身延山門前町

身延山では宝永地震に続いて再び堂塔や宿坊が被災しました。端之坊の過去帳には次のような記載があります。「嘉永七申寅十一月大地震巳ノ上刻ヨリ下町狐町無縁ニテ死ス者女五六人男宮原ノ産一人山ニテ死ス」

幕末の慶応年間に編纂された『甲斐国社記・寺記』には富士川から釜無川筋にかけて四十近い寺と神社が倒壊・半壊した記録が残されています。身延山久遠寺でも堂塔や多くの宿坊が被災しました。身延山付近は断層が入り組んだ複雑な地形をしており、周辺の山の斜面では崩壊が絶えません。ほとんどが断層活動による地滑りです。安政東海地震のさい、富士川沿いの波木井村では地滑りとみられる崩壊について、『甲州文庫史料』の「嘉永七年寅年十一月　地震潰家取調帳」に

写真 4-3　身延山久遠寺
（山梨日日新聞社提供）

は次のように記載されています。

「波喜（木）井村城山六軒山之半途之処山崩うずミ家不見ニ付本村之もの共五日四ツ時より八時迄掘り三軒掘り出し候処人ハ無難之由残三軒之義ハ不存」（大意：波木井村の城山にある6軒が山の斜面が崩れ落ちて埋まり、家が見えなくなってしまった。村の者たちが3軒堀出したところ、住んでいた人は無事だったという。しかし残り3軒については分からない）

写真 4-5　波木井の地滑り

早川（富士川の支流）では大規模な山崩れがあり川をせき止めました。「薬袋村　キョウガ（京ケ）嶋村　仙須和（千須和）村　右三ケ村　薬袋村之上ニ而早川留り但山崩レ候而なり六日ニつききれ三ケ村多く流れ申候由也」（大意：薬袋村、京ケ嶋村、仙須和村の3か村のうち、薬袋村の上流で山崩れが起きた。塞き止ダムが6日に決壊し3か村とも洪水で流れたという）

以前、これについて早川町長らと検討したことがあります。崩壊現場は京ケ島の下流、早川が曲流している左岸、そこは山頂付近から早川に向って落下する巨大な崩壊斜面が、荒々しい岩塊をむき出しています。仮にここが崩壊現場とするならば、崩壊した土砂が早川の流れを堰き止め、上流側に湛水して天然ダムが出来てしまい、ダム上流にあった京ケ嶋村の家々はことごとく水に浮いてしまう。やがてダムが決壊し、京ケ島の集落は洪水の激流とともに一気に流された、下流の薬袋村と仙須和村も激流に呑まれてしまった…巨大な谷の地形を眺めながら町役場の職員たちとそんな想像をめぐらしました。

『中富町誌』（昭和46年）には次のような被災記録があります。「安政元年十一月四日　大地震　平須村　崩壊家屋十五戸、日下がり道、早川入往還大破大崩落」

平須村は身延町の富士川右岸に聳える富士見山の中腹、標高600m辺りのところにある集落のひとつです。他の集落とともに富士見山活断層線上の急斜面に家々が軒を並べています。縄文時代の遺跡もある古い集落です。安政東海地震でこの村で15戸が崩壊したと記されています。

「日下がり道」は富士川沿いの絶壁の下に開いた道で、現在の国道52号線の一部です。今ものり面の崩壊が絶えず、防災工事で食い止めています。平須村から2kmほど南の古長谷村では曹同宗・常嶽寺

が崩壊し、『甲斐国社記・寺記』には「嘉永七寅年地震潰レニ相成未再営不仕候」とあり、再建されていないことが記されています。結局、常嶽寺は元通りの再建が出来ず、のちになって「村人たちが公民館の廃材を利用して建てた」と檀家総代が話してくれました。つましい本堂と庫裏がありますが、住職は常住していません。同じ標高の南北8kmにわたる断層線上には、他の多くの集落が並んでおり、道路の崩壊記録などから激しい揺れがあったことが伺えます。この地震では早川村が道路崩壊で不通となり、孤立したことが窺えます。

　東海地震による白鳥山の崩壊については、宝永地震と安政東海地震を教訓とした地元自治体や国の調査報告があります。いずれの調査報告も次の東海地震が起きた場合、白鳥山の東斜面が再び崩壊して富士川を塞き止めるおそれがあり、同時に1kmほど上流の北斜面からも更に1,000万m³の土砂が富士川に崩れ落ちるおそれがある、と報告しています。もし上流の北斜面が崩壊して富士川が堰き止められた場合、上流5kmの南部町役場付近までの間に250万m³の巨大な河川湖が出現することになります。その湛水量は3,000m³、浸水が上流側の南部町十島、御屋敷、越渡、西行の各集落に及ぶと予測しています。河川湖が決壊するのは、平常時で16日後、出水時では4時間後と予測され、決壊した場合は下流の静岡県の富士宮市や富士市を大規模な土石流が襲うことになります。白鳥山をはさんだ上流側の自治体も下流側の自治体も、このような事態になれば住民には避難以外ありません。このため崩壊に備え、河川湖となった場合の湛水状況や決壊の見通しなどについて情報交換を密にして住民の安全をはかろうと、両県の自治体による通信訓練や物資の輸送訓練をしています。

　また旧建設省の調査報告（昭和57年）によりますと、富士川谷では次の地震のさいに「危険度A」の大規模崩壊のおそれがある箇所は、白鳥山を含めて16か所あります。これらの危険個所が崩壊すれば、いずれも富士川やその支流を塞き止るおそれがあるとして、これらの地域では住民の避難対策が必要だと指摘しています。「危険度A」の箇所の共通した特徴は、いずれも過去において大規模な崩壊や地滑りがあった場所で、500m以内に断層が通っているのが共通しています。どの場所も現在緩やかな傾斜地となっており、前回の地震まで大量の土砂が不安定な状態のまま崩れ残っており、東海地震のような、震度6クラスの強震動が起きれば再び崩壊（再滑動）するものと予測されています。

4-4-2　甲府盆地の被災

　安政東海地震で甲府盆地は、"盆地"の地形と地下の構造ゆえに大きな被害を出しました、『甲州文庫史料』に市川代官所

や石和代官所などによる被災調査の文書が収集されています

写真 4-6　甲府盆地
（山梨日日新聞社提供）

「嘉永七年十一月地震潰家取調帳／市川荒井清兵衛様御支配所」に「一、家数百弐拾軒内八拾軒潰　花輪村」「一、八拾軒内五拾軒潰　花巻村（※藤巻村の誤記）」「一、同　凡三百軒内弐百軒斗潰　南湖村」「一、同　百五拾軒内凡百軒斗潰　青柳村」「一、同　七百軒内四五軒斗無難　鰍沢宿」とあり、また鰍沢宿の両国屋他２軒の造酒屋も倒壊し、職人３人が亡くなったとあります。

写真 4-7　全滅した鰍沢本町通り

また現在の市川三郷町の高田地区（旧市川大門町）では、「一、家数三百廿軒内弐拾軒斗半潰　残三百軒皆潰」とあり、同大鳥居地区では「一、家数弐百軒内百四拾軒潰」「畑所々ニ黒泥わき出る所数多あり」と記されています。そして高田村、大鳥居村、大津村などの壊滅的な被災状況とともに、白井河原村、小石和村、荊沢村、河東中嶋、蓬沢村、江原村、布施村などで居宅や土蔵が軒並み潰れたと記されています。また、「右村々之内、高田村並其辺並中郡筋ハ田畑道共三尺四尺或ハ五六尺位ひ地われ、あたかもねま（沼）之如く泥湧き出、人馬通行難成所も多有之、人馬死せし者少なからす」とあり、さらに下曽根地区について「一、家数三百軒内九十軒斗潰」などの記録もあります。これらの記述からも盆地南部と西部は宝永地震と同様、強震動に加えて地盤の液状化で壊滅状態となったようすが窺えます。

写真 4-8　甲府盆地　西郡（にしごおり）

現在の南アルプス市にあたる甲府盆地の西郡〔にしごおり〕では、「一、家数九

分通潰　寺部村」「一、同　九分通潰　古市場村」「一、同　九分通潰　宮沢村　一、同　五分通潰　鮎沢村　一、同　五分通潰　小笠原村」などと記されています。これを見ると寺部村、古市場村、宮沢村の三つの村では90％の家が潰れ、鮎沢村、小笠原村では50％の家が潰れたことがわかります。また、「嘉永七年寅十一月潰家書上帳　巨摩郡鮎沢村」には、「潰家百弐拾八軒　半潰家拾弐軒」という記録のほか、村の４つの寺が全半壊した記録が名主からの届け出としてあり、西郡全体が壊滅状態になったことを窺わせます。この地域の西側には櫛形山に沿って市ノ瀬断層群という活断層が存在し、集落の並ぶ平地は甲府盆地の低地帯にあたり、御勅使川や滝沢川、釜無川のはん濫原です。したがって地震動には極めて弱く地盤の液状化も激しい地域となっています。

釜無川を渡った盆地中央部でも甚大な被害を受けました。『玉穂町誌』（平成９年）によりますと、「乙黒村　潰家　五十四軒／中楯村　潰家　五十三軒／極楽寺　潰家　三十五軒／町野田村　潰家　十五軒／下河東村潰家　三十軒／成嶋村　潰家　四十五軒」とあります。また同書では、被災した村の連名で、「御普請御掛御役人中居家繕い難く、地面の狂い甚だしく、悪水の姿に候えば、高低の目当てつかず当惑途方に暮れ罷り在り候」などの届出文書を引用して、地盤の液状化とみられる現象で堤防の陥没や地面の亀裂、悪水（泥水の噴出）など、広範囲にわたる地盤災害が出たことを伝えています。また、同書は各村の潰れた家数を当時の村明細帳に記載された家数に照合したところ、８割近い倒壊率になったとしています。

笛吹川沿いのこの地域は、釜無川や鎌田川の洪水はん濫も重なり、土砂が厚く堆積した軟弱な地盤です。「山梨県地震被害想定調査」（平成９年）でも東海地震や関東大地震の被害予測として地盤の「液状化危険度は極めて高くなっている」と指摘しています。盆地南部は、高度経済成長以来、新たな開発によって都市化が激しく、大地震に対しては警戒と避難対策が最も必要な地域です。

甲府城下町も大災害となりました。現在の甲府市中央地区一帯です。「嘉永七年寅十一月四日　大地震之記」には、「嘉永七年寅十一月四日朝五ツ時大地震　市中一統大騒動　潰家潰土蔵数多有之候　別而八日町壱丁目　魚町弐丁目三丁目　柳町弐丁目三丁目　大損之建家は勿論　土蔵等ハ無事成は壱ツも無之　前代未聞之大変ニ候…」とあります。これらの被災地を含む甲府城下町は、城の東側の二ノ堀に隣接していました。おおむね現在の甲府市中央地区に当たります。被災記録は、「柳町　八拾壱軒、八日町　四拾八軒、三日町　拾九軒、山田町　三拾弐軒、魚町　三拾軒、上連雀　拾壱件」などとな

っています。そして横沢町や一蓮寺地内町など周辺の町を含め、全体で「計弐拾五町　三百四拾壱軒、弐千六拾七人」が被災し、代官所から味噌や塩などの支給を受けています。

ちなみに、この城下町は武田氏滅亡後、徳川家康が浅野長政に命じて新たな城を一条小山（現甲府城址）に築いたのに伴い、それまでの城下町もそっくり今の位置（甲府市中央地区一帯）に移したものです。以来、古い城下町は古府中または上府中、徳川氏が建設した新しい城下町は新府中または下府中と呼ばれるようになりました。城の北部には古府中町という地名が残されています。「地震潰家取調帳」によりますと「甲府　御城無難　御勤番屋敷無難」とあり、甲府城も武家屋敷も無事だったようです。新しい城は一条小山の固い岩盤を削って建てられ、武家屋敷も城の南に隣接して同じ岩盤の上に建設されました。強固な地盤に建てられた城と武家屋敷は、地震の強震動に耐えることができました。ところが町人の住む城下町は、川の流路跡の軟弱地盤の上に建設されていたのです。というのは築城工事に伴い、城の東側を南流していた藤川（富士川）を、城の手前で東に曲げて付け替え、それまで流れていた藤川の流路跡に新しい城下町を建設したのでした。この一帯は藤川の扇状地とはん濫原で、沼池や湿地が広がっている軟弱地盤だったことから、地震波が増幅して大きな揺れになったものと歴史地理学者や地震学者は見ています。

写真 4-9　甲府城

城下町の被災状況については、個々の商店や居宅の被災にいたるまで詳細な記録が残されています。このうち、三日町壱丁目の塩油商・吉字屋の店舗も倒壊しました。「嘉永七年寅年十一月地震潰家取調帳」によれば、「一、居宅潰　土蔵半潰　是ハ塩油渡世」とその被害が記されています。当時、塩と油の販売をしていた吉字屋は居宅が潰れ、土蔵も半潰れとなりました。吉字屋の当主は町内の家々の倒壊した原因を調べるため、自ら丹念に周辺の被災状況を見て廻りました。その結果、新たに建て直す家は地震に耐える造りにしようと、敷地に太い松の木の支柱を何本も打ち込んで基礎をつくり、その上に新店舗を建設しました。松は油脂が豊富で腐食しにくい木材です。また家族や雇人をまもるため、屋内の柱や梁、壁などを強化したいわば"防災の間"をつくりました。新しい家は地盤も設計も自ずと堅固な耐震構造となったわけです。

おかげで、大正12年の関東大地震では周囲の家々は再び破損・倒壊しましたが、吉字屋だけはびくともしませんでした。しかし太平洋戦争末期、米軍による甲府空襲の爆撃で焼失してしまいました。吉字屋は現在も油商のままガソリンスタンドなどを経営しています(『甘利亀雄遺稿集』及び筆者による第17代吉字屋孫左衛門氏へのインタビュー)。

4-4-3 地震動が増幅された甲府盆地

阪神・淡路大震災で注目された"震災の帯"に似た現象が、安政東海地震により甲府盆地の西郡で起きています。『甲州文庫史料』の「嘉永七年　地震潰家取調帳」によりますと、安政東海地震では鰍沢―青柳―荊沢―古市場―宮沢―鮎沢―江原―南湖―寺部などの各村で多くの家が倒壊し被害が集中しました。これらの村は震度7(現在の最大震度)の激しい揺れになったと、複数の地震学者が推定しています。壊滅的な被害を受けたこれらの集落は、盆地のへり南北約11kmのほぼ直線上に連なっているのが特徴です。この現象については、西郡の激しい揺れ方は地表面の軟弱地盤だけによるものではなく、地下の構造も関係しているのではないかという見解を地震学者が示しました。この結果、国と各県は全国各地の盆地の地下構造調査を行い、甲府盆地でも平成13年度から3年間にわたり、微弱な人工地震波を地下の地層に発射させて調べるバイブロサイス車を使って調査しました。その結果、安政東海地震の壊滅的な被災地となった盆地西部の地下でも、西側の山地や台地の固い断層崖(岩盤)と盆地側の柔らかい堆積層が接していることが確認されました。このことから、阪神・淡路大震災で起きた"震災の帯"と同じような現象が、西郡で起きたものと調査委員は見ています。

甲府盆地の地下にはこのような構造をした場所が他にもありそうだということです。同じようなことは、甲府城下でもおきました。甲府城下町の柳町、八日町、魚町、山田町、三日町、上連雀町などの壊滅的な被災は、あまりにも局地的でした。これらの町はいずれも城の東側に隣接しています。菊池万雄日本大学教授は『日本の歴史災害』(古今書院、昭和55年)の中で、築城前に城の東側を南流していた藤川(富士川)が、築城のさいに城の北東で人工的に東に直角に曲げられ、新城下町は旧藤川の扇状地の堆積層の上に建設されたため、軟弱地盤の上に建てた

写真4-10　藤川(富士川)

家々に被害が集中した、としています。

これを裏付ける資料がありました。江戸時代から幕末の甲斐国の諸事がしたためられた『甲斐叢書』（全12巻、昭和9〜12年）の中に、甲府城普請のさいに藤川の付け替え工事が行われたとする次のような記述がありました。「この普請以前は藤川は堺（境）町より八日町へ流れ候を御城普請の時長禅寺前を東へ切通し城屋町え流」（「甲州古府中新府中聞書」）

つまり新城下町は旧藤川の扇状地のはん濫原に建設されたというのです。また『山梨県応用地質誌』（昭和49年）に、城下町の地下に南北に延びる深さ60m以上もある谷が埋もれていることが記載されていました。以前山梨大学の浜野一彦教授らによって調べたもので、藤川の流路跡に堆積していた軟弱層と岩盤の固い壁が、地表から地下深くまで接していました。このような地下構造が西郡と同様に地震波を増幅し、異常な強震動を局地的に起こしたのではないかと推定されています。こうしたことから盆地の"へり"に当たる地域では、特に警戒が必要だとしています。

ところで、ほぼ同じ場所に建設されたとみえる甲府城と武家屋敷はどうだったでしょうか。『甲州文庫史料』の「地震潰家取調帳」によりますと「甲府　御城無難　御勤番御屋敷無難」と記されており、町人の住む城下町は軒並み潰れたものの、城および城の南に隣接した武家屋敷は無事だったようです。当時は地質学も地震学もありませんでしたが、武士階級は地盤に関する知識を持っていたのでしょうか、安全な場所を選んで住んでいたことになります。

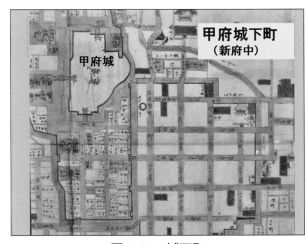

図4-11　城下町
（絵図：街頭案内板の接写）

盆地南部の甲府市大津町（旧大津村）は、安政東海地震で壊滅的被害を受けたことが、石和代官所「地震潰家取調帳」の記録にあります。「一、家数五拾軒内三軒斗無難　石和支配所　大津村　嘉永七年寅十一月」（大意：大津村では50軒の家があったが、このうち無事だったのは3軒ほどだった）短い文ながらも地震で村の94％の家が潰れ、大津村が壊滅状態になったことを伝えています。大津村は荒川と鎌田川の双方の河口に挟まれた場所に位置し、笛吹川の洪水とともに3つの川のはん濫が繰り返し起きた場所です。

4-4-4　富士北麓・県東部の被災

安政東海地震による富士北麓と県東部の被災記録はあまり見当たりません。安

政東海地震による富士北麓・県東部地方の被害については、先に掲げた『甲州文庫史料』の「大地震之記」にある「嘉永大地震大津波聞書」に、次のように記されています。「くろぬた　はつかり　はなさき宿大損じ　富士道は　やむら　おのま　吉田宿　ふじ北口まで大あれ　大損じ也　大つき宿　駒はし　猿はし宿大損じさるはしいたむ　とり沢　犬目　のたじり辺　また　つる川　上の原宿とも少々そんじ　郡内すじは余程のそんじ也」（くろぬた＝黒野田、おのま＝小沼、のたじり＝野田尻、そんじ＝被災）

上記の記録中、"大そんじ"の具体的な被災状況は定かではありませんが、旧甲州街道（笹子―上野原）と富士みち（大月―富士吉田）の宿場や集落の被災が伝えられています。当時の旧甲州街道は中央自動車道の北側のさらに標高の高いところを通っています。笹子川と桂川の川沿いを通る甲州街道は大月市の鳥沢宿から北側に聳える扇山（標高1,137m）の麓の急斜面を登り、犬目村（標高約500m）、野田尻村（標高約360m）などの中央自動車道のルートよりも更に標高の高い所に連なる集落を経て、上野原から江戸へと続いていました。この旧街道はかつて宿場町として栄え、参勤交代の大名が泊まった"本陣跡"や旅人が利用した旅籠が、今も当時の面影をとどめています。これらの宿場町は、藤ノ木―愛川構造線の活断層に沿った段丘上に拓かれてることから、地震の強震動で"大そんじ"となったものと想像されます。

一方、「やむら　おのま　吉田宿　ふじ北口まで大あれ　おお損じ也」ともあり、富士みちも大災害になったことを伝えています。大月と富士北麓の吉田を結ぶ富士みちは、丹沢山地と御坂山地に挟まれて桂川に沿ってつらぬく回廊のような道で、富士噴火のさい溶岩が流れ下った溶岩の道でもありました。「おのま」と言われているのは今の西桂町の小沼地区で、桂川の河川敷に位置している集落のひとつです。『西桂町誌』（平成12年）によりますと小沼地区一帯はかつて湖や湿地が広がっていた場所でした。しかし、のちに自然や人の手で埋め立てられ、河川敷の軟弱な地盤の上に幾つもの集落が形成されました。短い記録ですが防災上、示唆に富んだ内容です。

4-5 関東大地震（1923年）

1923年（大正12年）9月1日午前11時58分、神奈川県西部（相模湾）を震源とするマグニチュード7.9の巨大地震が発生しました。死者・行方不明者は10万5,000人余、住家全潰10万9,000余、半潰10万2,000余、焼失21万2,000余（家屋の全半壊後の焼失を含む）でした。これが、関東大震災（関東大地震）です。その被災統計は何種類かありますが、『大正震災志

上』(内務省社会局　大正15年２月)の記録をもとに山梨県内の被災状況を見てみます。

山梨県の被害は、死者20人、負傷116人、家屋全壊925戸、半壊2,989戸でした。被害の最も激しかったのは次の4つの地域でした。①笛吹川沿岸地方(東八代郡富士見村・上曽根村、西山梨郡住吉村、山城村)、②釜無川沿岸地方(中巨摩郡花輪村、忍村)、③富士川沿岸地方(南巨摩郡鰍沢町)、④山中湖畔(南都留郡中野村、忍野村、明見村)。いずれも河川や湖の沿岸地域で、軟弱な地盤(沖積層)の広がる土地です。これらの地方は安政東海地震のさいにも被災しました。震源の方角が駿河湾であろうと相模湾であろうと、震源から遠く離れた山梨県でも地盤の悪いところはくり返し被災しやすいことを示しています。この地震では相模湾の震源地に近い北都留郡と南都留郡の被害が大きく、両郡で死者の半数に当たる10人を占めました。次いで甲府市4人、南巨摩3人などです。

4-5-1　南都留郡、北都留郡

郡別・町村別の主な被害の特徴を死者の多かった地域から見てみます。南都留郡は、震源地の相模湾に近いためか、被害は激甚を極めました。死者6、負傷者52という多さとなりました。家屋全壊は205、半壊588でした。特に被害の多かったのは富士の裾野の中野村、忍野村、明見村の3か村でした。中野村(現山中湖村)は総戸数わずか285戸の小さな村でしたが、死者3、負傷者9、家屋全壊65、半壊74となりました。特に同村の長池区と平野区は被害が著しく、長池区は40戸のうち全壊19、半壊21に及びました。また長池区の背後にある山林で大規模な亀裂(約3町歩＝3ha)が出来、崩壊するおそれがあるので直ちに防災工事が必要となりました。また平野区は112戸中、全壊46、半壊66で長池区よりも激しい惨状となりました。(地震後の)9月14日の豪雨で背後の山が崩壊し100町歩に及ぶ農作物の被害を受けました。この地震で山中湖沿岸の土地は一様に沈下し、湖中にある通称"弁天島"は最も沈下が激しく、島に生えている樹木の一部が水中に没しました。忍野村は、負傷者4、総戸数393戸のうち全壊27、半壊64。被災者たちは神社の境内や山林に避難しました。明見村(現富士吉田市)は、死者1、負傷者6、総戸数839戸のうち全壊76、半壊206となりました。明見村、中野村、平野村、忍野村などの被害が大きく、いずれも軟弱な地盤災害が目立ちました。このほか宝村死者1、秋山村死者1。北都留郡では、死者4、負傷者28、家屋全壊38、半壊176で特に被害の激しかったのは大目村と2か村でした。大目村は総戸数340のうち全壊2、半壊43。甲東村は総戸数250のうち全壊1、半壊40、七保町では死者2、大原村では負傷者5、大鶴村では負

傷者10などとなっており、北都留郡の広い範囲で被害が出ています。大目村、桐原村（現上野原市）などでは河岸段丘と断層の複雑な地形と脆い地質が災害の原因となった模様です。

4-5-2 甲府市

甲府市は、死者4、負傷者8、総戸数13,150のうち全壊71、半壊95に上り、被災者は、中学校の運動場、公園等に避難するものが多く、焚き出しなどの救済を要しました。甲府盆地と富士北麓地方では、幕末に起きた安政東海地震と関東大地震の被災地の多くが重なっています。つまり同じ場所が再び被災しているのです。いずれも川の流路跡や湖沼跡の埋立地や火山灰の堆積した地盤の軟弱な地域です。甲府盆地では富士見村、花輪村が県内最大の地盤災害を受けました。

4-5-3 東八代郡、西八代郡

東八代郡では、死者1、家屋全壊115、半壊479で、特に笛吹川沿いの富士見村は全滅に近く、総数439戸のうち全壊70戸、半壊384戸にのぼりました。道路、堤防、排水溝、耕作地などの被害が甚大でした。富士見村は笛吹川沿いに位置し、軟弱な地盤であるうえ、当時地盤の高さが川底よりも3mから6mも低かったことから、普段も水に浸かっているような土地で県内有数の"水害常襲"の村でした。地震の激しい揺れと同時に村中の家屋は忽ち倒壊し、堤防や道路も決壊し、土地の陥没や亀裂が随所に生じました。しかもそれらの亀裂からどす黒い悪臭の地下水が湧き出し、床上に達するほどとなり、たちまち地盤の液状化による水害状態となりました。この時の地震で富士見村尋常高等小学校は殆ど倒壊状態となりました。

富士見村は明治40年の大水害で、ほぼ全村が流出したさい、それまで村の西側を流れていた笛吹川が、堤防の決壊によって東側に流路を変えてしまいました。その結果、石和から富士見にかけては山岳地帯から流出した土砂（真砂土）が深さ2m以上も堆積し、一帯は"砂上の街"となりました。このことが関東大地震のさい、家屋、田畑、堤防をことごとく破壊するという地盤の大規模な液状化現象を起こしました。

西八代郡古関村で死者2、高田村で負傷者2、ふたつの村で合わせ家屋全壊7、半壊48でした。

4-5-4 東山梨郡、西山梨郡

東山梨郡は負傷者1、家屋全壊4、半壊9にとどまりました。西山梨郡山城村と玉諸村は被害が甚だしく、山城村は総数289戸のうち全壊12、半壊33でした。玉諸村は負傷者1、総数316戸のうち家屋全壊7、半壊42でした。被災者はいずれも付近の竹藪などに避難しました。

4-5-5 中巨摩郡、南巨摩郡、北巨摩郡

　中巨摩郡は、被害の最も多かった郡部のひとつ。負傷者2、家屋全壊24、半壊370。最も被害の多かったのは花輪村と忍村の2つの村でした。花輪村では総戸数254のうち、家屋全壊3、半壊154に上りました。特に東花輪地区は地盤の亀裂が甚だしく、これらの亀裂から泥水が噴き出したり、用水路や河川敷が隆起したり、反対に道路は陥没したりで村内すべてが浸水する惨状となりました。また甲府盆地では釜無川の浅原橋から鰍沢までの両岸の堤防が4.6kmにわたって亀裂、陥没したほか、南湖付近で400mにわたって切れたため釜無川の本流が流れ込み農地に浸水しました。笛吹川では石和町の鵜飼橋から富士川との合流点までの堤防で20kmにわたり30〜150cmの亀裂が縦横に生じました。このため堤防は川の水面にまで陥没したところも出るほどでした。しかも、半月後の9月15日には豪雨の追い打ちを受け、南湖村では200戸の住宅が床上1mを越える浸水となり、関東大地震も地震と水害の複合災害となりました。花輪村は釜無川と笛吹川が合流する洪水はん濫原に位置することから、富士見村と同様の水害常襲の軟弱地盤でした。各調査機関や研究者は、当時の被災状況から甲府盆地は震度5から6弱だったとみています。

　南巨摩郡は、死者3、負傷者13、郡全体で住宅全壊80、半壊346。鰍沢町が激甚被災地となる同町で死者3人を出した。負傷者13、町の総戸数973のうち全壊68、半壊333という大災害となりました。鰍沢町中心部の本町通りは、ほぼ全滅状態となりました。北巨摩郡は、被害が最も少なく、家屋の全壊4、半壊7でした。

4-6 おわりに 〜地震災害史は警告する〜

■ 自然・社会環境と地震災害

　明応東海地震、宝永地震、安政地震、関東大地震による山梨県内の被災状況を見て来ました。震源の方向と地震の規模はそれぞれ異なりますが、被災地が重なる地域が幾つもあることに気づきます。災害の背景には崩壊しやすい断層地帯、川沿いや流路跡の軟弱地盤、盆地特有の複雑な地下構造などが直接かかわっていることが分ります。しかし過去の東海地震では、被害は家屋や寺社の倒壊にとどまっていました。鉄道も高速道路もありませんでした。電力も石油燃料も、IT技術も存在しませんでした。自動車さえありませんでした。今、過去の東海地震と同じ規模の地震が起きたら、これらのインフラのすべてにわたって被災を免れることは出来ません。これらの機能がストップすれば、たちどころにこの複雑な社会機能は大混乱に陥り、個人の家庭生活も立ち行かなくなります。例えば電力

ひとつ途絶えても、日々の暮らしが全く出来なくなることを、近年の地震災害で見せつけられました。災害の規模は拡大し、その潜在力は測り知れないものがあります。

■ 安政地震の激甚被災地に開発の大波

富士川谷が大きく変貌しています。甲府盆地から静岡県の新東名高速道路に向けて延びる中部横断自動車の建設工事が、富士川谷でたけなわです。山々を削り、谷を開き、幾つものトンネルを掘削し、自動車道の大規模な建設工事が進められています。活断層・糸魚川―静岡構造線に沿う富士川谷は、地殻変動の最も激しい地域として知られ、幕末の安政東海地震のさい南部町や身延町、早川町などでは、山岳崩壊や地すべりによって甚大な被害を出しました。平成17年、山梨県が「東海地震被害想定調査　今こそただしく恐れて　しっかり備えよう！」と題した報告書によりますと、県南部とりわけ富士川谷は震度6強〜7という最大の激震地として、また県内最大の被災地として想定されました。この地域は過疎化と高齢化が激しく防災上の課題をかかえたままとなっています。

一方、甲府盆地における開発にも激しいものがあります。

甲府盆地の西部と南部は広大な軟弱地盤で形成されており、安政東海地震では激甚被災地になったことは前述しました。この軟弱地盤地帯にリニア中央新幹線のルートが建設されます。「リニア甲府駅」が設置される甲府市大津町の周辺には、民間業者が新たな宅地を造成し、すでに新しい街が出現しています。県による宅地や商業地の開発計画も持ち上がっています。甲府市の「地震ハザードマップ」（平成20年）ではこの地域一帯は「想定震度6強」となっています。わずか200m離れた笛吹川対岸の甲府市下曽根地区は「想定震度7」となっています。また山梨県は平成25年3月、大津町を含む笛吹川沿岸の広い範囲を「液状化危険地域」と公表しました。甲府市の笛吹川沿いは盆地の低地帯であり、かつては広大な湿地や沼地が広がっていました。つまり、この辺り一帯が大地震には最も警戒すべき地域であることを県や甲府市の調査結果が示しています。

一方、盆地西部の低地帯であり、安政東海地震によって壊滅的な被害を受けた釜無川沿いの軟弱地盤地帯でも、堤防の根元にまで住宅開発の波が押し寄せてきています。建設中の中部横断自動車道のインターチェンジ周辺の富士川町などでは、宅地や商業施設の開発が猛スピードで進められています。

新たな土地を求めての開発は、盆地周辺の山麓や丘陵の急斜面にもおよび、大規模な住宅団地が盆地を見おろすように建設されました。さらには中央自動車道の開通にともない、ゴルフ場が沿道の山

地を切り開いて幾つも建設されました。平地の少ない山梨で開発が際限なく進むかに見えるなか、平成23年に起きた東日本大震災を契機に東海地震の2倍の震源域を持つ超巨大地震が、マグニチュード9クラスの「南海トラフ巨大地震」として新たに想定され、震源域内に「山梨県南部」の名が明記されました。

■ 社会の変貌と未知の災害

　安政東海地震から160年、関東大地震から90年、これらの地震で山梨が激甚災害となったにもかかわらず、多くの人々はもはや災害の記憶を失ったかに見えます。被災状況が記された古文書は単なる古記録に非ず、先祖が遺してくれた警告でもあります。「災害は同じ場所でくり返し起きる」し、「災害は必ず新たな場所で起きる」、また「災害は時代とともに進化する」と言われます。肥大化した都市で、あるいは老人ばかりの、否、老人さえ少なくなった過疎地で、次の巨大地震で私たちは体験したことのない災害に直面するかも知れません。山梨の自然環境と社会環境がゆえに起きた過去の地震災害が、今起きたらどのような事態になるかを歴史と最新の知見によって大胆に想定し、危機に備えておかなければなりません。

第 5 章
山梨の地盤災害

後藤　聡

第5章 山梨の地盤災害

5-1 はじめに

　山梨県の地盤災害について説明します。山梨県は中央に甲府盆地があり、その周りは山地です。甲府盆地はいわゆるお盆のような構造をしていて、お盆は固い花こう岩から成っています。この花こう岩の深さはどのくらいかわかりますか。盆地北部で浅く、南西部につれて深くなりおおよそ深度2500m前後と推定されています。このようなお盆構造に地震が襲ったらどうなるのでしょうか。甲府盆地を襲った地震として、1854年安政東海地震と1923年関東地震があります。これらの地震では甲府盆地のある特定の場所において家屋倒壊等の被害が集中しました。

　県西部には糸魚川―静岡構造線があり、甲府盆地には活断層群が多くありますので、直下型の大地震も心配です。関東地震以来、甲府盆地を襲った大きな地震は発生していませんので、注意が必要です。

　次に山地をみてみましょう。山地の地盤は固そうですが、場所によってはそうでもありません。例えば、糸魚川―静岡構造線に平行して早川があり、早川に沿って南アルプス公園線の道路があります。この道路は大雨でよく通行止めになることはご存じかと思います。がけ崩れや落石が起こるためです。

　このように山梨県の主な地盤災害は、盆地や山地で起こりますので、まずは簡単に山梨県の地形・地質・地盤について説明します。次に、いろいろな地盤災害について説明します。最後に、富士山で発生する雪代災害についても紹介します。

5-2 地形・地質・地盤

　山梨県の「まっぷde山梨」(http://gis.pref.yamanashi.jp/webgis/?p=1)というインターネットサイトを知っていますか。このサイトには、山梨県の「地形分類図」と「表層地質図」が掲載されています。「地形分類図」をクリックすると、「扇状地」、「洪水堆積物」、「山地斜面」などが凡例と地図で示されています。しかも「山地斜面」の場合は斜面の傾斜角の大きさも示されています。「地すべり」や活断層」などのさまざまな地形情報が多く掲載されていますので、ぜひみなさん、自分の住んでいる場所や職場などを調べてみてください。

　次に、「表層地質図」をクリックしてみましょう。山梨県のさまざまな地質が凡例と地図で示されています。地質図とは、表土の下にある地層がどのように分布しているのか示した地図です。この地質図を見ることによって、表土の下の地質が分かり、地質が分かれば、地質年代も分かります。地質年代は地盤の固さなどの特徴を考える上で、とても重要な情報です。ぜひ「表層地質図」もクリックして、地形だけではなく、地質と地質年代も一

緒に勉強してください。

甲府盆地とそのまわりの山地に注目してみましょう。地名については、地理院地図が分かりやすいので、電子国土Webから地理院地図（http://maps.gsi.go.jp）に入ってください。山地は北から時計回りですと、南八ヶ岳、関東山地、丹沢山地、御坂山地、富士山、天子山地、巨摩山地、赤石山脈となります。甲府盆地には、赤石山脈と南八ヶ岳を源流とする釜無川と、関東山地を源流とする笛吹川が流れます。両方の川は盆地南部で合流して、富士川となり駿河湾に流れます。

次に、「表層地質図」を使って甲府盆地の地質を少し説明します。甲府盆地は、多くの河川による堆積作用によって、後期更新世から完新世〔かんしんせい〕の砂礫層が厚く堆積しています。ここで更新世〔こうしんせい〕とは地質時代区分の一つで、約258万年前から約1万年前までの期間をいいます。第四紀の第一の世で、そのほとんどは氷河時代です。後期更新世は12万6000年前から約1万年前までの期間です。完新世は地質時代区分のうちで最も新しい時代で、約1万年前から現在までです。つまり甲府盆地の表層地盤は、最も新しい地質年代の区分となります。

「まっぷde山梨」で「ボーリング柱状図」をクリックしてください。ボーリング柱状図の情報がある場所が示されます。まだ点数は少ないのですが、ボーリング柱状図は表層地盤の種類や固さを把握することができる大変重要な情報です。詳しくは説明できませんが、標準貫入試験という現地試験で求めることができます。どこかの場所の「ボーリング柱状図」を実際に見てみましょう。例えば、酒折駅と石和駅との間に点がありますので、クリックして、ボーリング柱状図を開いてみてください。たくさん情報がありますが、まずは「土質区分」と「N値」に注目してください。「N値」は地盤の固さを数字で表したもので、0〜50まであります。土質にもよりますが、概ね10以下のN値だと弱い地盤となります。「土質区分」と「N値」により、その土質の種類と固さが分かります。地下水位が高く、砂地盤でN値が10以下だと、液状化が発生する可能性が高くなります。ボーリング柱状図には地下水位も示されています。

このように「まっぷde山梨」を活用することによって、山梨県の地形、地質、地盤を考えることができます。

5-3 地震による地盤災害

甲府盆地における液状化被害について説明します。山梨県中央市の八反田遺跡（旧玉穂町、平安時代後期、約950年前）で、液状化の噴砂跡（写真5-1）が発見されました。噴砂とは、地下から砂と水が噴き出す現象で、砂地盤において液状

化が発生したら噴砂が起きる場合があります。つまり、噴砂が発見されたら、液状化が発生したと断定できるのです。この遺跡の年代は平安時代後期ですので、その時代以降に液状化が起きるような大きな地震（おおよそ震度5強以上）が発生したことを示しています。いつの地震かは分かりませんが、甲府盆地で液状化が発生した証拠といえます。

写真 5-1　八反田遺跡での液状化の噴砂跡
（撮影：後藤 聡）

次に液状化が起きる原因について考えてみましょう。液状化が発生するためには3つの条件があります。一つ目は、砂時計のような砂がゆるく堆積していることです。二つ目は、地下水位が高い（地下水位が地表面付近にある）ということです。三つ目は、大きな地震動（概ね震度5強以上）が起きるということです。これらの3つの条件が全て成立すると液状化が発生する確率が高くなります。

図5-1を用いて説明します。この図では砂粒を円形としてモデル化しています。砂粒の間（間隙、すきま）には、地下水があります。この状態で大きな地震が起きると砂粒の集まりはせん断（横にずれること）の力を受け、全体の体積が減少しようとします。しかし、砂粒の間には水がありますので、全体の体積は変わりません。よって、水が砂粒から力を受けますので、水圧が上がります。水圧が上がると、砂粒同士が離れて、あたかも水中に砂粒が浮いている状態、つまり液状化の状態になります。このような液状化が発生すると、砂粒の間の水圧が上がりますので、噴砂として水と砂が地上に噴出します。液状化が発生すると地盤沈下が起き、水圧は元に戻ります。

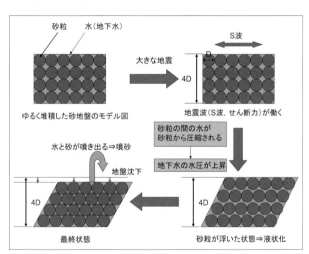

図 5-1　液状化の発生メカニズムを説明する図

液状化が発生するメカニズムが分かると、事前に対策を講じることができます。例えば、ゆるい砂地盤が液状化しますので、密度が高い砂地盤になるように、振動などで締め固めると液状化被害を軽減できます。また、地下水圧が上がらないように、透水性の高い砂礫地盤を地盤中に作ることにより液状化被害を軽減でき

ます。

次に、地震による斜面崩壊について説明します。県内の地震による斜面崩壊の事例は大変少ないのですが、2005年7月千葉県北西部を震源とする地震により、山梨県塩山市（当時）一ノ瀬高橋付近の道路のり面で斜面崩壊（写真5-2）が発生しました。河道閉塞が起きましたが、大きな土石流とはなりませんでした。2004年10月の新潟県中越地震では、中山間地において多くの斜面崩壊が発生し、河道閉塞が多発したことは覚えておられると思います。山梨県においても、直下型地震が発生すると中山間地において斜面崩壊が多発する可能性があります。

写真5-2　地震による斜面崩壊と河道閉塞
（2005年7月千葉県北西部を震源とする地震、山梨県塩山市（当時）一ノ瀬高橋付近）
（撮影：後藤聡）

「七面山大崩れ」をご存じでしょうか。七面山は身延山の西側に位置し、両方の山の間には春木川が流れています。春木川は早川の支流で、糸魚川―静岡構造線によって形成された断層谷です。「七面山大崩れ」は安政東海地震で大規模に崩壊したという説が一般的でしたが、最近の研究では1600年代には形成されていたようです。何度かの地震と侵食によって、崩壊面積が拡大し、現在の地形になったと考えることができます。「七面山大崩れ」は1回の大地震のみで崩壊が起きた訳ではないということが分かりましたが、地震による斜面崩壊は規模が大きくなる場合がありますので、河道閉塞、土石流の発生に注意が必要です。

5-4　豪雨による地盤災害

山地の斜面には不安定な土塊がありますので、大雨や地震で土砂災害が発生することがあります。土砂災害はいくつかの種類の斜面崩壊が原因となります。斜面崩壊として、表層崩壊、深層崩壊、崖くずれ、土石流などがあります。これらについて簡単に説明します。

表層崩壊（図5-2）とは、斜面の表層部分（おおよそ根系部分）が斜面とほぼ平行に崩壊する現象で、崩壊ボリュームは通常少ないので土石流にはなりません。しかし、表層崩壊が起きる面積が大きくなると大規模表層崩壊となり、土石流化します。2013年台風26号による伊豆大島豪雨災害では、火山灰層とレス層の間にすべり破壊が起きる表層崩壊でしたが、崩壊面積が大きかったため土石流化し、尾根を越えて集落を襲い死者・行方

不明者は39名となり尊い命が失われました。

　深層崩壊（図5-2）は、表層崩壊よりもずいぶんと深い場所ですべり破壊が起きます。深い場所でのすべり崩壊ですので、崩壊ボリュームは通常大きく、土石流や河道閉塞となるケースが多くなります。2011年紀伊半島大水害では、深層崩壊が多発したことは記憶に新しいと思います。山梨県でも、2011年台風12号の豪雨により、大月市七保町で深層崩壊（写真5-3）が発生しました。深層崩壊した土砂は葛野川まで届きましたが、幸いにも河道閉塞は起きませんでした。また葛野川の対岸には国道139号が通っていますが、被害はありませんでした。もし河道閉塞が起きていたら、下流の集落を土石流が襲ったかもしれません。

写真5-3　深層崩壊の遠景写真
（2011年台風12号により大月市七保町葛野地区で発生した深層崩壊）
（撮影：後藤 聡）

難で突発的に起こる場合がほとんどです。特に峡南地域では、がけ崩れが多発しています。2010年5月、南アルプス公園線で雨畑湖を結ぶ道路のり面が崩壊しました（写真5-4）。集落が孤立化して、雨畑湖内を管理用ボートにより人や物資が移動しました。

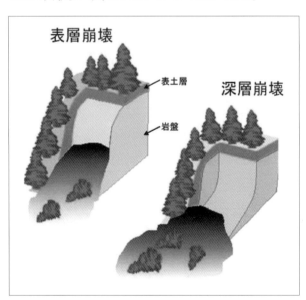

図5-2　表層崩壊と深層崩壊の説明図
（国土交通省のHPより）

写真5-4　雨畑湖に面した道路のり面の斜面崩壊
（撮影：後藤 聡）

　がけ崩れは、急傾斜地や道路のり面などのがけが崩壊する現象です。予測が困

　1966年9月の足和田土石流災害をご存じでしょうか。旧足和田村で、94名が土石流により死者・行方不明となり尊い多くの命が奪われました。この足和田災

害は、日本で土石流災害が強く意識され、防災対策が始まるきっかけにもなりました。現在、土石流発生場所は「西湖いやしの里根場」として、多くの観光客が訪れています。そこには、足和田土石流災害の写真等が展示されています。

5-5 富士山の雪代災害

富士山の雪代とは、主に融雪時に起こる雪泥流のことでスラッシュ雪崩ともいいます。土砂、巨礫、木を巻き込んで土石流化することもあります。2004年12月5日の未明、この雪代が富士スバルラインの5合目付近で発生しました（写真5-5）。この時の気象記録から、急な気温上昇とその後の激しい雨により、雪代が発生したことが分かりました。それではなぜ急激な気温上昇とその後の激しい雨により、雪代が発生したのでしょうか。富士山の表層はスコリアと呼ばれる黒色の火山礫などから成っています。ここからは想像ですが（まだ観測事例はありません）、スコリアの間隙には水分があり、積雪時は凍結して凍土面となっています。富士山は太平洋側にありますので、春先には気温が急上昇して、降雨がある時があります。気温が急上昇して降雨があると、雨水や融雪水がスコリア地盤を浸透しようとしますが、まだ地下には凍土面が存在するため、雨水や融雪水が浸透することができずに凍土面を流れます。その時にまわりの雪やスコリアを巻き込んで雪泥流が発生するのではないかと思います。

写真5-5　2004年12月5日未明にスバルラインで発生した雪代災害
（撮影：後藤 聡）

5-6 おわりに

山梨県の地形・地質・地盤、地盤災害について説明しました。山梨県ではホームページで、「土砂災害警戒区域等マップ」（http://www.sabomap.jp/yamanashi/map.php）や「東海地震による液状化危険度マップ」（https://www.pref.yamanashi.jp/bousai/ekijyouka.html）などが公開されています。自分たちの住んでいる地域にどのような地盤災害のリスクがあるのか、みんなで調べてみることが必要ではないでしょうか。

山梨県に大きな被害を与えるような地震は近年起きていませんが、過去には液状化が発生するような大地震が起きています。台風や豪雨により集落が孤立化するような斜面崩壊は多く発生しています。

2014年2月には大雪災害が発生し、雪崩や融雪地すべりの危険性が高いことも分かりました。これからますます地盤災害への警戒が必要ですので、自分たちの住んでいる場所でどのような地盤災害が起きる可能性が高いのかイメージを持つことが大切ではないでしょうか。地盤災害をイメージするのは難しいかもしれませんが、山梨県は面白い地形・地質の宝庫で、フィールド調査がとても楽しい県です。また日本で最初にコンクリートを使用して建設された芦安砂防堰堤のような県の登録文化財が多くあります。このように地形・地質や文化財への興味から地盤災害に入っていくのも近道かもしれません。

参考文献

- 後藤聡・内山高・中山俊雄・和田里絵・安藤伸：山梨県の地盤、新・関東の地盤、地盤工学会関東支部、pp.149-157, 2014.
- 後藤聡：山梨県の地盤、関東の地盤、地盤工学会関東支部、pp.161-165, 2010.
- 年縄巧ら：1923年関東地震の際甲府盆地において生じた被害分布の原因の一解釈、土木学会論文集、No.626, I-48, pp.69-78, 1999.
- 山梨県：平成15年度甲府盆地地下構造調査業務成果報告書、2004.
- 家族を守る斜面の知識－あなたの家は大丈夫？－、土木学会　地盤工学委員会　斜面工学研究小委員会、2009.
- 永井修・中村浩之："七面山大崩れ"－崩壊の履歴とその拡大に関する研究－、地すべり、第37巻、第2号、pp.20-29, 2000.

第6章
風水害史

野中 均

6-1 はじめに

本県の水害の原因は、主に台風によるものがほとんどですが、最近よく耳にするゲリラ豪雨によるものと思われる水害も発生しております。本章は、記録が多く残っている明治以降本県で発生した主な水害のうち、まず台風が原因であるいくつかの水害を説明し、その後台風以外の局所的な水害を2例説明したいと思います。

6-2 明治40年の大水害

まずは台風が原因で発生した災害のうち、大きな被害があったものをいくつか紹介していきたいと思います。明治以来、山梨県にいくつかの台風が来ているのですが、明治40年の大水害が一番大きな被害をもたらした台風です。特に明治時代では台風という言葉はなかったので、大水害と呼ばれていましたが、明治40年の8月22日から28日にかけて暴風雨という記録が残っていますので、おそらくこれも台風であったと推定されます。総雨量は、甲府で315mm、石和で480mm、最大日雨量132mmという記録が残っています。この水害の特徴は、現在の平等川にあった笛吹川が、かつては、やや東南を流れていた鵜飼川を飲み込むかたちで本流となり、大きく進路を変えたことです。現在花火大会などをやっている笛吹市役所の前に流れている笛吹川の本川は、かつては鵜飼川といって今よりずっと小さな川であり、現在の場外馬券場の裏を流れている平等川が、笛吹川の本川でした。死者233名、負傷者189名、流失家屋4,500戸、全壊・半壊7,423戸、床下浸水4,602戸、山崩れが全県下で3,353か所などの記録が残っています。

図6-1が笛吹川の流路変動の地図ですが、笛吹川は、日川と重川が合流した後、現在の石和温泉駅の方へ向かって流れていた訳です。当時金川は、下の方からきて鵜飼川となって流れていた訳で

明治40年8月水害以前の笛吹川の流路は、現在の石和の中心街を流下していた。

（出典：陸地測量部　地形図「石和」明治36年版）

笛吹川の流路は、明治40年8月洪水により、大きく変動した。

（出典：国土地理院　地形図「石和」明治元年版）

図6-1　笛吹川の流路変動

が、これが現在の笛吹川本川になったわけです。その間のところで、川と川に挟まれた地名で川中島という地名が当時からあり、現在も川中島という地名は残っています。そこも含めてかなりの面積の地域が全部土砂で埋まってしまったという大災害です。その後の明治43年にも、同様の大きな災害が発生して、その時は、甲府市の荒川や相川等もはん濫し、3年間で2度の大水害がありました。水害は山林の荒廃が原因であり、山林の育成保護のために、御料林の還付を山梨県としては国に要望し、明治44年に山梨県に下賜されました。それが現在山梨県のほぼ3分の1を占める恩賜県有財産という形で、今も山梨県の財産になっております。甲府の舞鶴城の一番高いところに謝恩碑という塔が建っておりますが、あれは天皇陛下が、山梨県に下賜されたことを記念し、大正9年に建てられた記念碑です。現在でもその大部分は、山梨県の恩賜県有財産として県が管理していますが、一部は東京都と横浜市の方に水源林として売却してしまったという経緯もあります。それはどこかといいますと、甲州市塩山の柳沢峠の北側と丹波山村・小菅村は、多摩川の流域になっていまして、その部分につきましては、現在東京都の水源林という形になっています。もう1か所道志川という川の上流の方にも同じような恩賜県有財産があった訳ですが、それは横浜市へ売ってしまって、横浜市が

水源林として管理しているというのが今の状況です。この明治40年の大水害については、当時の武田千代三郎知事という方が書かれた追想記が、『明治40年大水害実記』という形で残っています。この本は、県立図書館に所蔵されていますので、もしよろしければ参考にしていただきたい。以上が明治40年の大水害の記録です。

6-3 昭和34年の災害

その後も何回か台風というのはあったのですが、その次に大きかったのが、昭和34年の災害です。実はこのときは2つの台風が、ほぼ1か月くらいの間に襲来しました。まず8月12日から14日にかけて襲来した台風7号ですが、総雨量は、甲府で195mm、大蔵沢山（日川の上流、今の旧大和村）で603mm、最大時間雨量で58mm、瞬間最大風速53m/sという記録が残っています。台風7号は、毎時60kmの速さで富士川に沿って北上しました。これが大きな特徴です。特に、県北部の旧武川村や、韮崎市が大きな被害を受けました。死者が66名、行方不明が24名、負傷者が794名、全壊・半壊が6,233戸、流失303戸、床上浸水2,615戸、床下浸水11,830戸という記録が残っています。台風7号の約1か月後の9月26日から27日に台風15号が、山梨県に大きな被害をも

たらしました。この台風が、伊勢湾台風と呼ばれる台風で、全国的に見れば、戦後最大の被害が発生した台風であり、特に名古屋で大きな災害をもたらしました。当然台風7号で被害を受けていた山梨県にとっては、まだ復旧が全然進んでない時に襲来した台風ですから、再度大きな災害をもたらした訳です。総雨量は甲府で82mm、早川町で501mm、最大時間雨量が55mm、最大瞬間風速37m/sという台風で、この台風は山梨県の中心をちょっと逸れましたが、台風7号の傷跡が大きかったために、再び大きな被害をもたらしました。死者が15名、負傷者が245名、全壊・半壊が7,054戸、流失52戸、床上浸水568戸、床下浸水814戸という記録が残っています。図6-2が台風7号の経路ですが、山梨県に大きな被害をもたらすのは、まさしくこのパターンです。太平洋上を北上し、富士川を真っ直ぐ上っていくという進路で、この台風は特に顕著です。山梨県は、四方を山に囲まれていますから、比較的台風は左右どちらかに避けてくれますが、このときは富士川を真っ直ぐ上って来たことで大きな災害になりました。

次に図6-3が伊勢湾台風の経路で、山梨県よりちょっと離れたところを通りましたが、実は台風は右の半分の方が危険ということで非常に大きな災害になったということです。34年の災害は、県下全域で被害がありましたが、特に旧武川村で大きな災害が発生しました。この原因は土石流で、大量の土石で一気に流されたということです。一方韮崎市のちょうど武田橋の付近で、堤防の決壊が起こりました。土石流も当然ありましたが、韮崎市はむしろ水害の方が大きかったということです。このときは釜無川の本川の堤防が切れ、韮崎市内全域がほとんど水浸しになりました。この災害は非常に大きな災害でしたから、これをきっかけに、国の直轄の富士川砂防事務所が設置され、これは甲府市に現在もあり事業を継続中です。主な事業箇所は、釜無川の上流や早川流域ですが、砂防事業を県ではなく

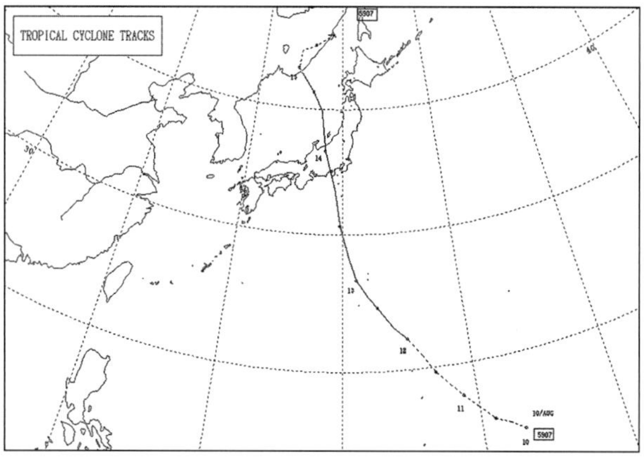

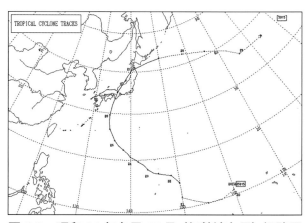

図6-2　昭和34年台風7号経路図
（出典：気象庁HP気象統計情報）

図6-3　昭和34年台風15号（伊勢湾台風）経路図
（出典：気象庁HP気象統計情報）

て、国が直接行うことになったきっかけが、この34年の災害です。この災害にも『昭和34年土木災害記録集』という本があり、これも県立図書館に所蔵されていますので参考にしていただければと思います。

6-4 昭和41年災害

次に昭和41年の災害です。昭和41年9月26日の台風26号により、旧足和田村の根場という地区がほぼ全滅したという災害です。総雨量は178㎜（甲府）、295㎜（船津）、最大時間雨量は83㎜（船津）、瞬間最大風速は40m/sで、主に旧の足和田村、芦川村、上九一色村が大きな被害を受けました。特に足和田村の根場、西湖地区で発生した土石流で、壊滅的な被害が発生し全国的にも有名になりました。この時にできた言葉が「山津波」といって一時期使われましたが、現在は、「土石流」が一般的になっています。この時の土砂流出は、51万㎥というような記録が残っていますが、今でいう深層崩壊ではないかと思われ、山が大きく何十メートルもの深さにわたって崩れ落ちたような災害ではなかったかと想像しています。図6-4の台風の経路を見ると、この時もやはり太平洋上を北上してきて、富士川ではなかったのですが、愛知県寄りの方から足和田村が直撃されたという経路です。足和田村はかなりの多くの犠牲を出したということで、その地区自体が集団移住して、現在は樹海の中に、新西湖地区等として移住しています。現在、被害に遭った旧根場地区は、町で整備しまして、公園的に昔の家屋を建てたりして観光地になっています。このときの昭和41年の災害史についても山梨県県民室で作成した本が、県立図書館に所蔵されています。

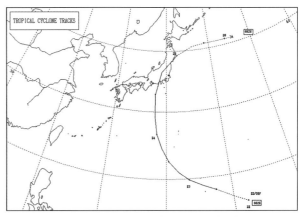

図6-4　昭和41年台風26号経路図
（出典：気象庁HP気象統計情報）

6-5 昭和57年災害

次に昭和57年の災害ですが、これは私が県庁に入って4年目で直接体験した災害です。57年の台風も約1か月間に2つの台風が来ました。まずは8月1日から3日にかけて台風10号が襲来しました。総雨量が、甲府で143㎜、河口湖で406㎜、最大時間雨量が56㎜という記録が残っています。この時は県下全域で災害が発生し、特に早川町や大月市の浅川などで

第6章 風水害史

甚大な被害が発生しました。死者が7名、負傷者が31名、全壊・半壊が65戸、床上浸水527戸、床下浸水が1,143戸という記録が残っていますが、そのほぼ1か月後、9月10日から12日にかけて台風18号が連続して襲来しました。総雨量が290㎜、河口湖で412㎜、最大時間雨量が27㎜、行方不明1名、負傷者4名、全壊・半壊10戸、床上浸水271戸、床下浸水836戸という記録があります。この2つの台風の経路については、図6-5と図6-6にありますが、やはり太平洋上を真っ直ぐ北上してきた台風が本県のすぐ近くを直撃したということです。こういう台風が山梨県にとっては一番危ないということを覚えてほしいと思います。

　私は当時、旧芦安村を担当していましたが、御勅川という川が、上流から流れてきた土砂で、河道のほとんどが埋まりました。橋の上に重機をのせて土砂を浚渫し、運び出しましたが、いくら運び出しても上流から絶え間なく土砂が流れ出てきて、もうちょっとで芦安村を埋め尽くすくらいの状況でした。幸いそこまで被災することなく、土砂を全部運び出しましたが、その土砂はコンクリートの骨材の材料としてすぐ使えそうなきれいな砕石でした。この時私は甲府土木というところの道路管理を担当していまして、夜、風雨が強まり、芦安で被害の報告があったため、パトロールに出動したのですが、釜無川があふれそうで、水防団が土俵を積み上げているし、信玄橋は通行止めで、双田橋のところは車も運転できないような大雨であったため、恐怖を感じて引き返しました。翌日被害調査で芦安の方に行ったところ、道路が陥没していて、下に車が2台落ちていました。そのうちの1台は小笠原署の車でしたが、奇跡的に2台の車に乗っていた人たちは全員助かったそうです。しかしもし昨夜私がパトロールを強行していたら…とぞっとした経験があります。やはりパトロールも大事ですが身の危険を感じたら勇気をもって引き返すのが必要だと思いました。

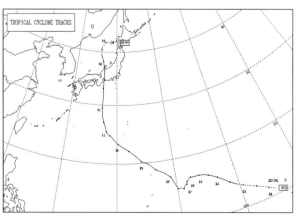

図6-5　昭和57年台風10号経路図
（出典：気象庁HP気象統計情報）

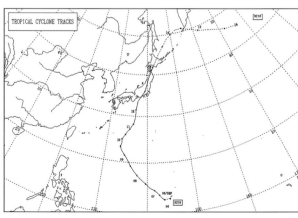

図6-6　昭和57年台風18号経路図
（出典：気象庁HP気象統計情報）

当時の他の経験談をいくつか紹介したいと思いますが、まず当時の信玄橋というのは、非常に橋脚が多い橋であったため、そこに流木等のごみが引っかかって釜無川の水位が上がり、そのため信玄橋の上流の方があふれそうになり、いわゆる信玄堤といわれているところが溢れそうになって、国土交通省の職員が「もう少し水位が上がったらあの橋を爆破するぞ」といっていました。道路管理者と河川管理者はそういう権限もあるのだと感じました。その後水位が下がってすぐに流木などのごみを全部撤去してたのですが、撤去しなかったら、信玄橋は次の台風で爆破されたかもしれません。災害対応の素早さの大切さを感じた一例です。またこの時は富士川が戦後最大の流量を観測しました。韮崎の上流では川がものすごく削られて、ミニグランドキャニオンといった渓谷になって、全国的に有名になりました。下流の旧鰍沢町の禹之瀬というところでは、川が狭まっていて、そこで水が溢れて身延線の鰍沢口駅は水没しました。この災害をきっかけに禹之瀬の開削が実現した経緯があり、今は当時よりも治水安全度は上がっている状況ですが、私個人としては、今までで最大の災害の経験でした。この時の57年度災害誌も県立図書館に所蔵されています。

6-6 昭和58年災害

昭和58年にも大きな台風が2つきました。ほぼ同時期にきた台風5号と6号で甚大な被害が発生しました。総雨量は甲府307㎜、河口湖856㎜、最大時間雨量72㎜で、主に県の東南部に大雨が降り、御坂山系や富士山麓で大きな災害を記録しています。河口湖の増水でホテルや学校も床上浸水になった、というのがこの台風の大きな特徴です。また金川や富士吉田市の入山川というところで川がはん濫し、大きな被害を受けました。死者が2名、負傷者が22名、全壊・半壊が80戸、床上浸水534戸、床下浸水2,651戸という記録が残っています。この時は、山中湖で1,000㎜という大降雨がありましたが、道路で言えば、御坂トンネルの先の河口湖側の国道137号が全部やられ、かなりの長期間通行止めになっていました。その中でも、全国的に話題になったのが河口湖の増水です。河口湖は、一級河川になっていましたが、毎秒7.79トンしか流せない東電の放水路しかなかった状況でした。この災害をきっかけに新しい放水路が計画され、新たなトンネルを掘削して、現在では毎秒30トン流せる放水路が完成しています。その後30トン流したという記録は残っていませんが、20数トン流したという記録は残っています。この後の災害のときも、この放水路により河口湖は浸水被害を防げた訳です。

6-7 平成3年災害

次に平成3年の災害ですが、平成3年8月20日に襲来した台風12号による災害です。総雨量は甲府109㎜、大月426㎜、最大時間雨量は大月で55㎜という記録があります。県東部に激しい豪雨があり、大月市の国道20号で土砂崩落が発生し、この時は車が4台埋まって、死者が4人出ました。また、富士吉田市の大沢川も上流の山が崩れ、流木が橋に引っかかり、洪水があふれ200戸以上が大災害を受けました。死者8名、負傷者3名、全壊・半壊16戸、床上浸水148戸、床下浸水440戸という記録が残っています。この時は、旧上野原町等で道路が通行止めになり、孤立集落も発生しました。

私は、富士吉田支所で河川管理を担当していましたが、一番困ったのは、富士吉田市の大沢川で溢れた流木をどこに処理すればいいのかということでした。またこの時は、西湖が増水して、湖畔の県道も含め完全に水没した状況でしたが、人家では浸水被害はなかったので、大きな被害はありませんでしたが、全国的には連日報道され、かなり有名になりました。西湖と河口湖は、発電水路で繋がっていて、川としては繋がっていませんが、西湖から河口湖まではある程度水を流すことができる構造になっていたにもかかわらず、河口湖も増水があり、西湖からの放水ができませんでした。

6-8 平成23年災害

最後に、平成23年の災害です。当時、私は旧市川土木の所長をしていたのですが、台風15号で久々に災害を経験しました。総雨量は甲府167㎜、栃代744㎜、最大時間雨量97㎜、という非常に大量の雨が降りました。一番多いところでは1,000㎜という記録も残っているのですが、以前と比べて大きな災害はありませんでした。早川町の町長が、「このくらいは57年災害と比べれば、なんでもない」とおっしゃっていたのが心強かったです。

この災害で水防活動をいくつか経験することができましたが、一番大変だったのが、市川三郷町の芦川の身延線鉄橋と県道の間の右岸側が決壊した時でした。橋桁につくかというところまで水位があがり、堤防が決壊したため避難勧告が発令されましたが、必死の水防活動で大きな被害は、防ぐことができました。また身延の波木井川でも決壊が発生しましたが、これも水防活動により被害を最小限にすることができました。さらに、早川町では何日間か陸の孤島となりましたが、道路の早期復旧に努め、孤立の解消を図ることができました。またあまり知られていませんが、この時は国が管理する笛吹川でも、一部の堤防が決壊直前の状況でした。場所は蛍見橋の上流で、左岸右岸とも本堤のすぐ下まで堤防が侵食された状況でした。国土交通省は、コンクリ

ートで作ったテトラポッドを緊急に投入して決壊を防ぎましたが、決壊寸前であったということです。山梨県でも、大きな河川の横等にテトラポッドのようなコンクリートで作られたものがストックされていますが、それは堤防の決壊を防ぐためのものであり、今はこれが水防工法の主流です。以上が明治以降の山梨県の台風による大きな被害です。

6-9 昭和41年7月豪雨

次に台風以外のゲリラ豪雨などによる都市の被害を2つ紹介します。昭和41年7月22日、足和田台風の2か月前くらいに前ですが、甲府市の相川の上流で非常に局所的な雨が降り、午後7時から約2時間半にわたって、総雨量79mm、最大時間雨量で46mmを記録しました。この時甲府市で非常に大きな被害を受け、死者1名、負傷者58名、全壊半壊104戸、床上浸水1,486戸、床下浸水12,101戸という記録が残っています。集中豪雨が発生したのは相川の上流ですが、上流には木橋が多かったのでそれが流されて下流の横沢橋にひっかかり、そこで水がはん濫してしまった災害です。この豪雨で甲府の駅前は、広範囲に被害が発生しました。2、3時間の間に局所的な豪雨で、浸水被害が発生するというのが、ゲリラ豪雨と呼ばれるものの特徴です。

6-10 昭和52年8月豪雨

もう一つ昭和52年に同じような災害がありました。昭和52年8月17日から18日にかけて、主に低気圧による豪雨です。特に甲府市の濁川流域で大規模な浸水被害が発生し、床上浸水569戸、床下浸水1,777戸という記録があります。これもちょっと時間の長いゲリラ豪雨だと思いますが、この災害をきっかけに県は、濁川河川改修事務所を特別に作りました。5年間だけ特別な予算をもとにこの川を改修するという事業です。昭和54年から約30億円をつぎ込んで河川改修を行いましたが、5年間ではさすがにすべての川を改修することができなかったので、現在も継続しています。まだまだ支川の藤川付近では、大雨が降るたびに浸水被害が絶えない状況であるため、総合治水という手法も取り入れて改修事業を進めています。総合治水というのは、例えば一軒の家でドラム缶を用意してそこに降った雨を200ℓ貯めるとすると、たくさんの家が集まれば、全体ではダムの役割を果たすという考えで、浸水を防げないかというのが一つと、もう一つは学校の校庭に水を貯めるというものです。今、県立甲府東高校の庭がそういう形になっていますが、現在もいくつかの学校で計画を進めています。これらを全部含めて県では総合治水といっているのですが、総合治水は、これからは必要になってくるだろ

うと思います。

6-11 まとめ

まとめとして、明治から今日まで4つの大災害を覚えていてほしいと思います。

1つ目は、明治40年の大災害。笛吹川が変わってしまいました。それぐらい大きな大災害があり、それがきっかけとなって山梨県は、恩賜県有財産を得ることができて、舞鶴城の謝恩碑は、その記念碑であるということ。

2つ目は、昭和34年の災害。この時は2つの台風が襲来しました。伊勢湾台風の方が世間的には有名だが、実はその1か月前の台風7号によって武川村は大きな被害を受けました。

3つ目は足和田の災害。これは根場と西湖の集落が壊滅的な被害を受けました。これで山津波と呼ばれるくらいの土砂災害が発生したことにより土砂災害に目が向けられるようになりました。

4つ目が昭和57年と昭和58年の災害です。富士川が、最大の流量を観測し、河口湖の増水によって大きな災害が発生しました。

この4つはぜひ覚えてください。また、甲府でもゲリラ豪雨と思われる災害が発生していることも、記憶していただきたいと思います。最後に、災害の話については以上ですが、この章で説明した内容については、「山梨県の水害」(山梨県県土整備部、平成26年)というパンフレットが、県の治水課にありますので、大いに活用していただきたいと思います。

第 7 章
風水害の減災

末次　忠司

7-1 概要

　風水害を中心に地域の減災について説明します。

　広義の水害にははん濫被害（外水）や内水だけでなく、降雨に伴う土砂災害、台風に伴う高潮、津波なども含まれています。しかし、狭い意味でははん濫被害や内水だけを指す場合も多くあります。ここでは狭い意味での定義の水害を対象としています。

　国土交通省の『水害統計』を用いて、過去30年間（昭和56年～平成22年）の年平均水害被害額を算定すると、北海道が361億円と最も多く、次いで兵庫県、愛知県となります。北海道は昭和56年、兵庫は平成16年、愛知は平成12年の水害の影響が大きいです。一方、山梨県は64億円で40位と低いですが、水害被害額が少ないからといって、水害が発生しない訳ではありません。例えば平成25年に嵐山などで被災した京都府は37位、平成23年に熊野川などで大きな被害を被った和歌山県は42位でした。従って、これまで水害がなかったからといって、油断するのではなく、万一起きた場合に備えて準備しておく必要があります。

　甲府は平成26年2月に積雪深144cmという豪雪に見舞われました（写真7-1）。豪雪被害が助長された要因を分析すると、降雪予報精度、車両への対応、情報連絡などが考えられます。これは雪の被害ですが、この「豪雪」を「豪雨」という言葉に置き換えても、同じような要因により、同じような状況が起きることが想定されます。すなわち、山梨・甲府は豪雨にも弱い（脆弱な）体質であると言えます。

写真7-1　甲府市の豪雪の状況

　水害に関する減災や対応を考える時、一様に考えるのではなく、水害の規模に応じた考え方が必要となります。大水害とは大雨が降って大洪水となり、堤防が破堤して発生する水害のことで、数十年に1度、台風などで発生することが多い水害です。一方、小水害とは大きな時間雨量で水路や下水道などから水があふれて発生する水害で、数年に1度、集中豪雨などで発生することが多い水害です。

7-2 山梨県内で発生した大水害

　大水害の例を2つ述べます。一つは笛吹川が破堤した明治40年8月の事例です。石和で480mmという豪雨があったのが原

因ですが、支川が関係していることに注目してください。すなわち、支川の重川や日川がはん濫し、この浸水で笛吹川の堤防が弱くなったことが影響しています。河川はん濫などの結果、県全体で233名がなくなり、12,000戸の家屋が全半壊・流失・破損しました。

　次に明治29年9月には釜無川で破堤災害が発生しました。この時も支川の御勅使川の破堤はん濫流が釜無川の堤防を直撃して、破堤災害が発生しており、明治40年と共通の要因が見られます。破堤により、竜王村などで浸水被害が生じました。浸水だけでなく、土砂堆積による被害も生じました。

7-2-1　浸水と土砂災害

　山梨の場合、浸水と土砂災害が同時に発生することが多くあります。豪雨により洪水が発生して河川からはん濫するとともに、土石流やがけ崩れなどの土砂災害が発生するので、避難等を行う場合は両方のことを考え、浸水被害にあわないよう、かつ土砂災害にあわないよう、避難路を選択する必要があります。

7-3　はん濫水の挙動

　はん濫に対する避難などの対応を考える場合、はん濫水の挙動に着目します。堤防が破堤した場合、はん濫水ははん濫原の標高に従って流下します。例えば、甲府盆地は扇状地地形で、中西部は南東方向に傾斜しているため、はん濫水も南東方向に流れます。一方、笛吹川ではその地形特性より、川に沿って流れる傾向があります。

　はん濫水の挙動をシミュレーション計算結果により見てみると、例えば信玄橋

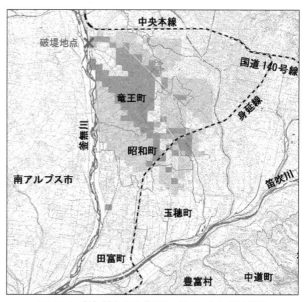

図7-1 （1）釜無川破堤に伴うはん濫状況
（破堤1時間後）

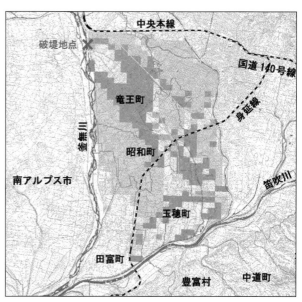

図7-1 （2）釜無川破堤に伴うはん濫状況
（破堤2時間後）

（出典：甲府河川国道事務所HP）

近くで破堤した場合、はん濫水は南東方向に流下し、30分後には昭和町近くに達し、1時間後にはJR身延線を越え、2時間後には笛吹川に達します（図7-1）。4時間後には釜無川と笛吹川の合流点付近を湛水させ、その浸水深は4m以上となります。はん濫水の伝播速度は早く、時速6～7kmに達します。

7-3-1　はん濫水の伝播速度

　平野部ではん濫が発生した場合、はん濫水の伝播速度はおおよそ時速1kmで、破堤箇所近くではその十倍です。しかし、甲府盆地のような急勾配流域では時速6～7kmと早くなります。

7-4　大水害について

　大水害は記録的短時間大雨情報が発令される時間雨量100mmを越えるような豪雨、大雨特別警報が発令されるような豪雨により発生します。洪水規模は大きく、河川堤防が破堤することがあり、人命や建物が被害を受けることもあります。こうした大水害はどの地域でも発生する訳ではありませんが、発生した場合にどのような状況となるか、またどのように対応すればよいかについて事前に検討しておく必要があります。

　大水害時の対応策としてはテレビ・ラジオ・インターネットなどにより気象情報を収集するとともに、建物（玄関、窓、トイレ）への浸水流入防止を行います。インターネットとしては、国土交通省の「川の防災情報」（http://www.river.go.jp/）が良いです。避難は大雨警報が発令される前までに準備を行い、記録的短時間大雨情報が出される前までに開始します。ただし、浸水深が50cm（ひざの高さ）以上になると、浸水中の歩行は危険となりますので、家の2階以上や近くの知人宅へ避難します（図7-2）。

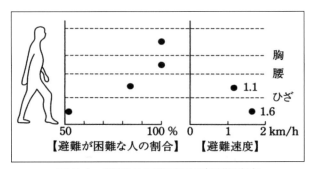

図7-2　避難の困難度及び避難速度
（出典：栗城・末次　土木学会誌、1996）

7-4-1　警報の発令

　豪雨・洪水時は大雨警報や洪水警報に注意します。甲府（平地）で時間雨量40mm、甲府（平地以外）で時間雨量50mm以上を予想すると大雨警報が発令されます。洪水警報も基準はほぼ同じです。地域によっては、3時間雨量が基準となっている場所もあります。

7-5　小水害について

　小水害は大雨警報が発令される時間雨

量40mmを越えるような大雨で発生します。大河川が破堤したりすることはありませんが、小河川や堤防のない河川で洪水が越水し、狭い範囲で浸水被害が発生することがあります。

小水害時の対応策としては、テレビ・ラジオ・インターネットなどにより気象情報を収集するのは大水害と同じですが、浸水流入防止は玄関周りを対象とします。避難所に避難するほどの危険性はありません。ただし、小水害だからといって、見回りなどの外出をすることは危険です。

7-5-1 大河川と中小河川

大河川では近年堤防などが整備され、水害が発生することは少なくなってきました。しかし、中小河川はまだ整備の途中で、かつ整備された大河川で洪水位が高くなることがあり、中小河川から排水しにくくなって、水害が発生する場合があります。

7-6 豪雨をもたらす原因

洪水やはん濫が発生するかどうかを判断する場合、大雨が降るかどうかを見極める必要があります。大雨となるケースとして山梨で最も多いのは台風が前線を刺激し、その後台風本体が接近して大雨をもたらす場合です。その他には、上空に寒気が流入し、地表との温度差が40度以上になると、集中豪雨が発生する場合があります。山梨の場合は前者の台風＋前線が洪水発生原因の7～8割を占めています。

7-7 水害への個人の対応策

水害への対応を考える場合、時系列的に事前、降雨・洪水時、事後の3段階に分けて考える必要があります。事前対応としては、洪水ハザードマップを見て、自分が住んでいる地域の危険度を確認するとともに、最寄りの避難所を知っておくことが大事です。避難所は地震のことを考えて指定されている所もあるので、降雨時に実際に行ってみて、安全性を調べておく必要があります。また、避難のための非常用持ち出し品を用意しておきます。懐中電灯、現金、探り棒、はしごが必要となります。探り棒は水路やマンホールなど、足元の安全を確認するもので、はしごは高齢者を避難させる時に用います。

7-7-1 洪水ハザードマップ

洪水ハザードマップは地域で発生することが予想される最大の浸水深を示した地図です（写真7-2）。計画の降雨が発生し、洪水ピーク時に大河川の堤防が破堤し、はん濫が発生すると浸水被害が生じます。浸水深は破堤箇所により異なりま

すが、その最大値を示しています。全国の3/4の市町村で作成・公表されていますので、最寄りの市役所等で入手してください。

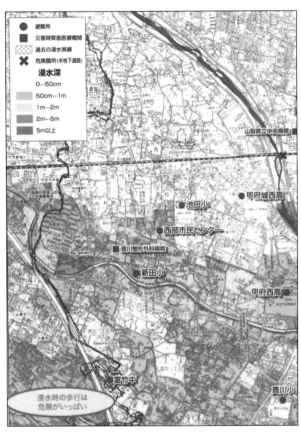

写真7-2　甲府市洪水ハザードマップ中の浸水危険度表示

降雨・洪水時の対応としては、気象情報や注意報・警報を確認するとともに、家屋へ浸水が流入しないように対処します。対応を考えるにあたっては前述した水害規模に配慮する必要があります。水は玄関や窓のすき間だけでなく、トイレや排水口からも逆流してくるので、タオルとブロックなどの重しにより抑えます。家の周囲がブロック塀などで囲まれている場合、出入口を土のうとブルーシートで塞げば、敷地内への水の侵入を防ぐこ

とができます（図7-3）。家の窓のすき間にはタオルなどを詰め、水圧によりガラスが割れないように、ガムテープをしておくと良いです（家の外の水深が高くても、家の中にはすぐには入ってこないので、水位差による水圧が生じます）。

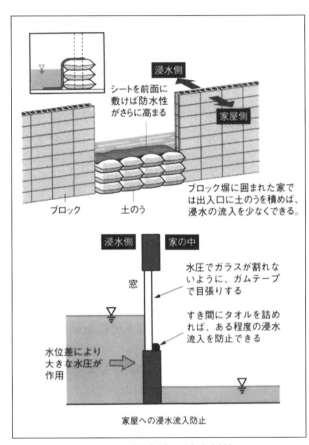

図7-3　浸水流入防止対策
（出典：末次　これからの都市水害対応ハンドブック、2007）

7-8　避難・事後対応

降雨・洪水時の対応として、避難の判断が重要となりますが、浸水が始まりそうかどうか、警報が発令されたかどうかを一つの基準とします。概略的には内水はん濫が発生した場合、または浸水深が

50cm以上の場合は指定避難所へ行くのは危険なので、2階または近くの知人宅へ避難します。一方、外水はん濫が発生した（しそうな）場合、または浸水深が50cm以下の場合は早めに指定避難所へ避難します。

避難する際はライフラインに注意します。災害時に停電等があると、避難中に復旧して通電火災を発生することがあります。そうならないために、避難する前に、電気のブレーカーやガスの元栓を切っておきます。また、徒歩で避難する場合、浸水に流されないようにするため、複数の人がロープで連絡して、棒などで足元を確認しながら避難します。水路やフタのとれたマンホールに注意する必要があります。

7-8-1　水路等への転落

マンホールのフタがとれていたり、道路と水路の境界にガードレール等がないと、浸水時に転落する危険性があります。新潟で行ったアンケート調査では水害時の避難者のうち、約2割の人が「水路に落ちた」、または「水路に落ちそうになった」と回答していました。

家族に高齢者や乳幼児がいる場合、早期であれば、車で避難することもできるので、早期避難を心掛けます。浸水中を車で避難する場合、浸水深がマフラー以上になると、エンジンに水が入って停止することがあります。アンダーパスなどの浸水中で車が停止した場合、路側に止めて避難しますが、キーはつけたままにしておきます。万一、車内に取り残された場合、窓ガラスを割って脱出しなければならない場合がありますが、その際はヘッドレストの金属部分を窓とドアの隙間に勢いよく入れて、ガラスを割るようにします。

事後の対応としては、浸水した家具などを乾かす必要がありますが、変形しないように日陰で乾燥させます。泥も早めに落とした方が良いです。家の被害は外見だけ見てもよく分かりませんが、基礎や柱が損傷したり、その周囲が掘れている場合があるので注意します。また、使えなくなった電気製品や畳などが大量に出て、1軒あたりで数トン以上の廃棄物が発生します。この廃棄物が道路に置かれると、交通・物流の障害となりますので注意しましょう。

7-9　行政機関の対応

水害に対して行政機関も様々な対応を行っています。治水対策としては施設を用いたハード対策と、施設によらないソフト対策があります。ハード対策には洪水を安全に流下させる堤防、ダムの他に、侵食対策の護岸、土砂流出を抑制する床止め、内水排除のためのポンプなどがあります。ソフト対策には市町村が作成・

公表する洪水ハザードマップ、情報伝達、水防活動、避難活動などがあります。

7-9-1 土砂の流出と避難

砂防堰堤や床止めがある（特に連続してある）場合、その区間は土砂の生産や移動が活発な区間ですので、洪水時に大量の土砂が流下してくる危険性を考えておかねばなりません。

特に避難勧告・指示の発令は重要なソフト対策で、中小河川で洪水が越水する前に的確に発令し、河川の洪水位上昇速度（図7-4）と天端から洪水位までの距離から決まる「越水するまでの時間」より早く避難活動を終える必要があります。一般的に中小河川の洪水位上昇速度は速いので、かなり低い水位で発令することになります。そこで、もっと適切な水位で発令するために、避難に要する時間を短縮する必要があります。方法としては、情報伝達を早くしたり、近い場所に避難所を設けたり、住民の意識を高揚させる方法があります。

7-9-2 避難に要する時間

住民が避難勧告・指示を受けてから、避難所へ到達するまでには通常1〜2時間を要します。避難するかどうかを判断したり、避難を決めてから出発するまでに時間を要しますし、途中で家財を移動させる場合も多いために時間がかかります。

都市域では都市化の進行により、洪水発生時間が早くなったり、洪水ピーク流量が増大する傾向があります。これに対して、堤防やダムで対応するのは非効率的ですので、河道へ出てくる雨水流出量を減らす対策が考えられます。いわゆる「流域治水」という方法で、雨水を地中に浸透させたり、貯留することにより、河道への流出量を減らす方法です。代表的な施設に浸透マス・トレンチ（図7-5）、透水性舗装などがあります。例えば、浸透マスは地下水位などの条件により異なりますが、1時間で100〜1,000リットルの水を地中へ浸透させることができます。

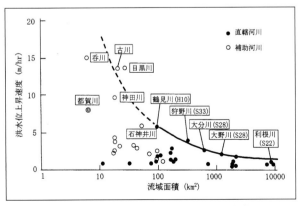

図7-4　流域面積と洪水位上昇速度
（出典：末次　水文・水資源セミナー、2002）

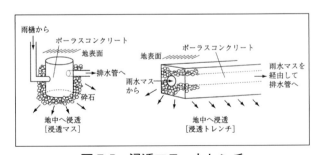

図7-5　浸透マス・トレンチ
（出典：末次　河川技術ハンドブック、2010）

7-10 まとめ

これらの対策を行うことにより、地域の減災を図ることができるようになります。最後に、重要事項を箇条書きすると、以下の通りになります。

＊大河川の破堤は中小河川のはん濫が影響している場合が多いです。

＊釜無川の破堤では、はん濫水は南東方向に、笛吹川の破堤では川沿いに流下します。

＊山梨では台風が前線を刺激したり、台風本体の雨により豪雨・洪水となることが多くあります。

＊時間雨量40mmで小水害、100mmで大水害となることを目安に考えます。

＊外水はん濫が発生した（発生が予想される）場合、または浸水深が50cm未満の場合、指定避難所へ避難します。

＊内水はん濫が発生した場合、または浸水深が50cm以上の場合、2階へ避難するか、近くの知人宅へ避難します。

参考文献

- 国土交通省：水害統計
- 笛吹市：笛吹市風水害誌、2007.
- 国土交通省甲府河川国道事務所HP、はん濫シミュレーションCG
- 栗城稔・末次忠司：自然災害における情報伝達、関川豪雨災害（1995年）、土木学会誌、1996.
- 末次忠司：河川技術ハンドブック、鹿島出版会、2010.
- 末次忠司：河川の減災マニュアル、技報堂出版、2009.
- 末次忠司：これからの都市水害対応ハンドブック、山海堂、2007.
- 末次忠司：水文現象として見た洪水の挙動、第4回水文・水資源セミナー、2002.

第8章
地震のしくみと被害、建物の地震対策

吉田　純司

第8章 地震のしくみと被害、建物の地震対策

8-1 はじめに

　この章では、まず地震の発生メカニズムについて簡単に説明します。次に、建物（建築構造物）を中心として、近年の地震による地震被害について紹介し、どのような地震の場合に、建物などの構造物の被害が大きくなるのかを共振現象と併せて説明していきます。次いで、建物の地震対策について免震構造を中心に説明し、その他の耐震補強などについても併せて紹介しきます。また、身近ですぐに実行できるものとして家具の固定についても述べます。最後に、東海地震が発生したと想定した山梨県での被害想定や、現状での建物の地震対策率について簡単に紹介します。

8-2 地震のしくみ

　ここでは、地震が発生するメカニズムについて簡単に説明します。図8-1は、地球の断面（1/4）を表しており、我々が住んでいるのが地殻と呼ばれている部分の上になります。この地殻は大体30kmくらいの厚さがあり、その下には、溶岩が流れているマントルと呼ばれている部分があります。このマントルは流体で満たされており、内部全体に広がっていることから、ここで温度差が生じると、マントルに流れ（対流）が生じます。これにより地殻が流れに沿って（矢印の方向）に押されることになります。すると、地殻の大部分を占める海底のプレートがマントルの流れに押し進められて移動し、やがて陸のプレートとぶつかる部分で、図

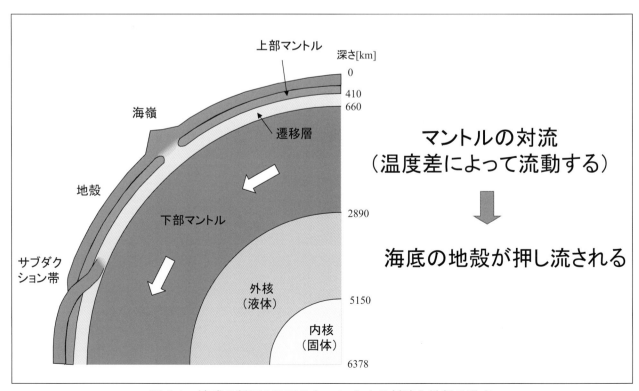

図8-1　地球の断面1/4でみたマントルの対流と地殻の動き

第8章 地震のしくみと被害、建物の地震対策

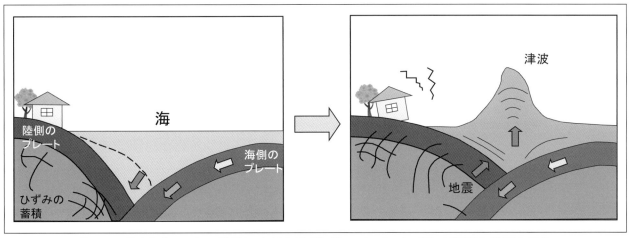

図8-2 海側プレートの移動に応じた陸側プレートでのひずみの蓄積と地震の発生

8-2に示すように陸のプレートを摩擦で押し下げながら、斜め45度方向に沈んでいきます。陸のプレートは、押し下げ量に応じて弾性エネルギーを蓄えていきますが、やがてそれが限界に達しプレート間の摩擦が切れると陸のプレートが跳ね上がります。プレートが跳ね上がった後の振動が地震として伝達し、かつその際に押し上げられた海水により津波が発生します。

8-3 建築構造物の地震被害

ここでは、最近の地震により建築構造物が受けた被害について簡単に紹介します。

8-3-1 1995年兵庫県南部地震（阪神・淡路大震災）

1995年1月11日の午前5時46分に発生した地震です。地震の規模を示すマグニチュードは7.2でした。話題がそれますが、このマグニチュードというのをここで簡単に説明しておきます。マグニチュードとは地震の規模を示す指標であり、大きなマグニチュードの地震でも震源が海底等で陸地から離れていると、被害は小さいという場合があります。マグニチュードと似通った量として、良くニュース等で「震度」という量がでてきます。これは、被害の大きさを示す指標（近年では、地震の揺れを表す加速度の大きさも震度を決める要因の一つとしている）であり、「震度が大きい＝被害が大きい」ということになります。

さて、話を元に戻すと兵庫県南部地震の特徴は、その破壊的な揺れにあり、ほとんどの建物が地震の揺れにより倒壊・半壊しました。具体的には、全壊家屋は186,175世帯、半壊274,180世帯です。

8-3-2 2004年新潟県中越地震

この地震は、2004年10月23日の午後

5時56分に発生しました。マグニチュードは6.8でしたが、建物の被害は全壊家屋が4,172世帯、半壊家屋が13,810世帯と阪神・淡路大震災と比べると比較的少なくなりました。その要因としては、山間部で人口が密集する都市が少なかったこと、豪雪地帯のため建築基準法により雪に押し潰されない頑丈な構造が要求され作られていたこと、また阪神・淡路大震災以来、災害に備えた街づくりを進めていた地域（千谷市など）があったことが挙げられます。

8-3-3 2011年東北地方太平洋沖地震（東日本大震災）

2011年3月11日の午後2時46分に発生した地震で、マグニチュードは9.0でした。私はこのとき、大学の学生部屋（3階）にいたのですが、かなりの揺れを感じたのを覚えています。この地震の特徴的な点の一つは、揺れは非常に大きかったにも関わらず、地震の揺れで直接的に建物が倒壊あるいは半壊した事例はほとんどないという点です。では、なぜ未曾有の大災害と言われているのかというと、ニュース等で報じていたように地震後に起きた津波のためです。地震後に高さが10mを越える大津波が押し寄せ、その影響で建物や社会基盤施設が倒壊・半壊し、死傷者数も大幅に増え、津波の恐ろしさを痛感させられる大災害となってしまいました。結果として、建物の被害は、全壊が129,500世帯、半壊が256,324世帯と膨大な数に達しています。

8-4 建築構造物の地震対策

8-4-1 共振現象とは？

■ 共振現象の説明

さて、地震での構造物（建物や社会基盤施設）の被害は、何によって決まるのでしょうか。地震の揺れが大きいと被害も大きくなるというようなイメージがありますが、それは必ずしも正解ではありません。実は構造物の被害は、共振現象が深く関わっています。本章で一番理解してもらいたい部分は、この共振現象ですので、以下で詳しく説明したいと思います。

まず、水平に地震加速度$\ddot{z}(t)$を受ける家などの構造物を、図8-3のようにバネと質点からなる簡単なモデルで近似した場合を想定してください。屋根、床、壁、柱、家具などの重量は、すべて質点に含まれており、また柱や壁などが持つ抵抗力（剛性）は、このバネに集約されてい

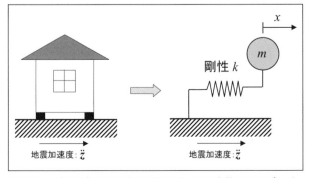

図8-3 水平方向に地震動を受ける建物のモデル化

ると考えてください。質点の水平右向きの変位を$x(t)$とすると、運動方程式は、

$$m(\ddot{x}+\ddot{z})=-kx \Leftrightarrow m\ddot{x}+kx=-m\ddot{z} \quad (1)$$

となります。このモデルにおいて、まず、学んでもらいたいのは、固有周期という量についてです。固有周期とは、構造物が揺れやすい周期を表し、質点の質量をm、バネの剛性（バネ定数）をkとすると、固有周期Tは、

$$T=2\pi\sqrt{\frac{m}{k}} \quad (2)$$

と表されます。mやkは構造物に固有の量であり、Tはそれらによって決まるため、固有周期と呼ばれています。

一方、議論を簡単にするため、水平の地震加速度$\ddot{z}(t)$が、振幅A、周期T_0を有する正弦波（1周するのにT_0だけ時間がかかる）で、

$$\ddot{z}(t)=A\sin\frac{2\pi}{T_0}t \quad (3)$$

のように与えられている場合を想定します。実際の地震加速度は、見た目では後述するように正弦波とは大分異なりますが、振動の主要な周期（卓越周期）というのが地震記録ごとに概ね決まっています。T_0はその卓越周期だと考えてください。

共振現象とは、$T \approx T_0$が成立するとき、すなわち地震の揺れの周期と構造物の固有周期とが概ね一致する場合に、応答xが大きく増幅される現象のことを言います。式（3）を式（1）に代入した場合の解の性質から、共振現象を数学的に説明することができますが、ここではその辺りの難しい議論は無視します。覚えてもらいたいのは、

> 「地震の揺れの周期T_0と、構造物の固有周期Tとが概ね一致すると、構造物の揺れは大きく増幅される」

という点です。どれくらい増幅されるかは、対象としている構造物が、揺れを小さくする機能（減衰）をどれだけ有しているかに依存しますが、一般の家やビルに共振現象が発生すると、揺れは3～10倍くらいまで増幅されます。さて、以下では、理解を深めるために、共振現象が構造物の地震被害に対して大きく関わってくる実例を挙げてみましょう。

■ 共振現象と地震被害の実例

図8-4は、兵庫県南部地震において被害が最も大きかったJR鷹取駅で観測された実地震加速度の南北成分の記録と、東日本大震災において最も揺れが大きかった築館で観測された実地震加速度の南北成分の記録を表しています。

両者を見比べると、まず、横軸の時間が大きく異なっているのがわかると思います。JR鷹取駅の記録では、地震開始から終了まで40[sec]程度ですが、築館の

記録では地震終了まで150[sec]ほどもかかっています。次に、縦軸をみるとＪＲ鷹取駅の記録では、最大で加速度は600[cm/sec²]程度であるのに対し、築館の記録では2,700[cm/sec²]にも達しているのがわかると思います。すなわち、「地面の揺れ＝加速度」ですから、東日本大震災での揺れは、阪神淡路大震災の揺れと比較して４倍以上大きいことになります。

しかし、実際に地震の揺れで倒壊した家屋が圧倒的に多いのは、阪神・淡路大震災でした。その原因として、共振現象すなわち「地震動の卓越周期と構造物の固有周期との関係」が挙げられます。図8-4の波の図を見ただけではすぐにはわかりませんが、２つの地震動の主要な揺れの周期（卓越周期）は、ＪＲ鷹取駅の記録では1.24[sec]に対し、築館の記録では0.166[sec]と非常に短い周期になっています。

これに対し、一般の住宅、ビルおよび橋梁などの固有周期は0.5～1.5[sec]の範囲にあり、特に巨大構造物が0.5～1.0[sec]の範囲、中小規模の構造物が1.0～1.5[sec]の範囲にあります。このことから、築館の記録では全く共振が生じず被害が小さくなるのに対し、ＪＲ鷹取駅の記録では地震加速度自体は小さくても共振が発生して揺れが大きく増幅されるため、被害が大きくなるという結果になっています。

以上をまとめますと、「地震加速度が大きい場合でも、共振が起きなければ被害は比較的小さい」ということが言えます。このことから、構造物の地震に対する設計（耐震設計といいます）では、この共振を「如何に避けるか」、あるいは避けられない場合には「どうやって抑えるか（耐えるか）」が重要な課題となってきます。

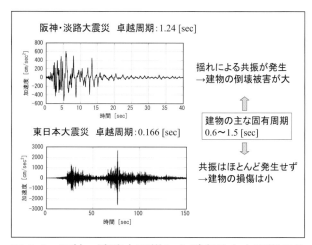

図8-4　阪神・淡路大震災および東日本大震災での地震動の性質と被害の関係

8-4-2　免震構造

1995年兵庫県南部地震での建物や社会基盤施設の甚大な被害を受けて、構造物の地震被害を低減する方法として、免震と呼ばれる装置が数多く採用されるようになってきました。免震装置とは、どのようなものなのかを以下で説明していきます。

■ 免震構造の概要

建物を例にとると、免震構造とは、地盤と建物の間に免震装置を導入して、地盤の揺れが建物に伝達しないようにする構造のことを指します。地震の揺れは、

水平成分が圧倒的に大きくかつ建物にとっても有害な場合がほとんどです。そこで、免震構造では、水平方向に限り、地盤の揺れを構造物に伝達しないよう非常に柔らかいもので支持します。図8-5に示すように地面に長い糸で繋がれた風船（手を離すと空に飛んでくもの）をイメージしてください。風船が建物で、糸が免震装置に相当します。地震がきて地面が左右に揺れたとしても、糸が長く柔らかいため揺れが伝達されにくく、風船に揺れはほとんど伝わりません。これと同様にして、建物を水平方向に柔らかいもので支持してやると、揺れは伝わりにくくなります。その一方で、鉛直方向には、建物の重さが直接作用するため免震装置でそれを支えなくてはなりません。そのため、免震装置は鉛直方向には非常に硬い（剛である）必要があります。このような機能を実現する装置の代表例として、図8-5に示す積層ゴム支承というものがあります。積層ゴム支承とは、ゴムと鋼板を特殊な接着剤で積層状に連結した構造になっています。積層ゴム支承がどのように機能するかは、次項で説明することにします。

■ 積層ゴム支承

積層ゴム支承は、見た目上は単にゴムと鋼板を積層状に連結しただけの構造であり、比較的単純に見えます。ここでは、この構造でなぜ水平には柔軟で鉛直には硬く（剛に）なるのかについて説明します。

ゴムは一般に柔らかく良く伸びるというイメージが先行していますが、それ以外の重要な力学特性として非圧縮性という性質を有しており、これが深く関わってきます。非圧縮性とは簡単にいうと、ゴムがどんなに大きく変形しても体積は変わらないという性質です。この性質を利用して鉛直方向には剛で水平方向には柔軟な装置を実現しています。具体的には、図8-6に示すように使用されているゴムの総量は同一ですが、ゴム層が2層のものと4層のものを比較してみてください。支承の上から構造物の重量分の荷重が作用すると、ゴム層は押されて縮み、非圧縮性なので押された分の体積が側面からはらみだしします。ゴム層数が多いほど、一層当りの側面積は小さくなるのではらみだしにくくなります。すなわち4層の方が2層よりもはらみだしにくい構造となっていることから、鉛直方向の剛

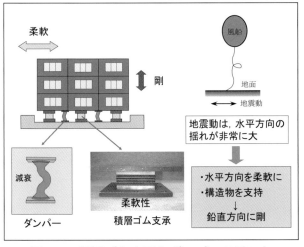

図8-5　積層ゴム支承とダンパーを用いた建物の免震構造

性は大きくなります。このことから、ゴム層数を20層、30層のように大きくとると、ゴム層側面からゴムが極端にはらみだしにくい構造になるため（ゴム自体はいくら柔らかい素材でも）、鉛直には非常に硬い（剛性が大きい）構造になります。

一方で、水平方向については、各ゴム層がせん断変形（四角形が平行四辺形になるような変形）しそれが直列に連結したような変形モードとなることから、層数に関係なく概ね同一の剛性になります。そのため水平方向の硬さ（剛性）は、素材となっているゴムの硬さ（剛性）に比例し、層数とは無関係になります。

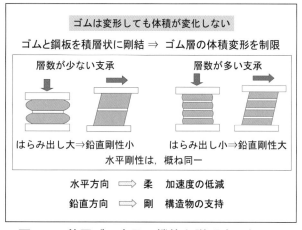

図8-6　積層ゴム支承の機能を説明するための概念図

■ **ダンパー**

上述した積層ゴム支承のような免震装置を建物に用いると、装置の水平方向の柔軟性から建物に揺れ（地震加速度）をほとんど伝達しなくなります。すると、例えば、地震が発生した際に、空中に浮いている人から建物を見ると、水平方向には建物はほぼ止まっており、地面だけが動いているというような状況になります。建物はほぼ止まっているわけですから、地面と建物の相対変位（地面からみた建物の変位）は比較的大きくなり、それはそのまま免震装置の水平変位になります。積層ゴム支承のような免震装置では、ゴムが水平変位に対して変形することになりますが、無論限界というものはあります。また、隣接する建物が免震構造ではない場合には、隣接する建物は地面とともに大きく水平に振動することになります。このことから、水平変位が非常に大きくなり「ゴム支承が壊れてしまう」あるいは「隣の建物と衝突してしまう」といったことが起きないようにするために、支承とともに変位を小さくする装置が併用されます。そのような装置はダンパーと呼ばれており、様々なタイプのものがあります。一例として、高粘性流体を使った壁形のダンパーおよび鉛をＳ字型に加工したダンパーを図8-7に示します。ダンパーの理論の詳細はここでは省略しますが、覚えてもらいたいのは、例えば正弦波などの変位を与えた場合のダンパーの変位-荷重関係を図示すると、図8-7に示すように必ずループを描くようになり、この「ループの面積分の振動エネルギーをダンパーが吸収してくれる」という点です。吸収したエネルギーは何に変化するのかというと、熱エネルギーに変化しダンパーの温度を少し上昇させます。

第8章 地震のしくみと被害、建物の地震対策

このようなダンパーと、柔軟な積層ゴム支承などの装置を併用したものを免震構造といいます。まとめると、免震構造では、水平には柔軟な装置で構造物を支えることで建物に揺れが伝達されにくくしています。また、ダンパーを併用することで、地面に対する建物の変位（つまり装置に作用する変位）を小さくしています。なお、鉛直方向には建物の重量を支える必要があることから、剛になります。

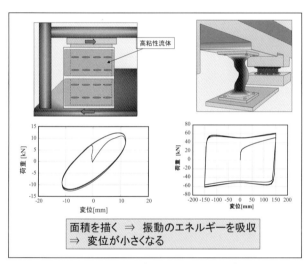

図8-7 振動エネルギーを吸収するダンパーとその変位-荷重関係

■ 免震構造物のコスト

このように利点が多い免震装置なので「どの構造物にも採用すればいいじゃないか？」と考えるかもしれませんが問題はその値段です。一般住宅用の免震装置もすでに普及しており、住宅メーカーでもオプションで扱っている場合が多いのですが、その値段はどの程度かというと、普通車を新車で購入する程度の値段、すなわち200～300万円程度はかかります。

この金額、安いか高いかの判断は人によると思いますが、個人的な意見をいわせてもらうと高いと思います。その理由は次の通りです。世の中には地震保険というものがあり、地震がきて家が倒壊したとしても建設総額の半分までは保証してくれます。一般住宅の地震保険の値段は年間で1～3万円程度ですので、上記の免震支承の金額は、保険料の100年分くらいに相当します。無論、免震装置を導入していると、地震がきても揺れが建物にほとんど伝達しないことから、建物が倒壊する可能性はほとんどなく、また家具などが倒れてきたりしないため中にいる人間（主に家族）にも怪我等が少ないという大きな利点があるため、安易に金額だけで比較はできません。結局、何を高いか安いか判断するのは家を作る施主、すなわちあなた自身ということになりますので、上記のことを念頭においてよく考えてから家を建てることをお勧めします。

8-4-3 耐震補強

上述した免震装置のような特別な装置は有用なのですが、最後に述べたようにコストが決して安いとは言い難いのが現状です。また、すでに作ってしまった建物に対して免震装置を追加するのは、余分なコストがかかるだけでなく施工上、困難な場合もあります。そこで、古い建物などを補強して地震がきても倒壊しな

いようにする方法（耐震補強）が推奨されています。

この耐震補強をするに当たってまず覚えてもらいたいのが、建物がいつ建設されたのかを把握することです。実は、建物は建築基準法という法律に則ってつくられています。これは「自重、地震、風（台風など）などに対して建物の安全性を確保するために最低限満たさなくてはならない基準」を定めたもので、自然災害などがあると少しずつ改訂されてきます。その中で特に大きく改訂されたのが昭和56年であり、昭和55年までの基準を旧耐震、昭和56年以降の基準を新耐震といいます。現段階では、大きな地震がきたとすると、旧耐震で建設された建物（建築後、一切リフォーム等をしていない場合）は倒壊の危険があるといわれています。このことから、ご自身の家が昭和55年以前に建築されたものであるなら、耐震診断をすることをお勧めします。市町村が窓口になっており、診断は無料でやってくれます。また、補強のための補助金を最大80万円まで出してくれるという制度もありますので、県や市町村のＨＰを見て相談してみてください。

さて、建物の耐震補強としてどのようなものがあるかを、最後に簡単に紹介したいと思います。基本的には、診断で弱いと判断されたところを重点的に補強するのですが、具体的には、基礎、壁、梁・柱などの接合部に対し、補強器具を新たに設置する。コンクリートなどを新たに打ち直すなどがあります。

8-4-4 家具の固定

これまで述べてきたことは、主に建物に対する地震対策であり、実行するのにコストあるいは手間がかかる内容ばかりでした。しかし、簡単に実行でき、かつお金もかからず効果が高い地震対策として、家具の固定が挙げられます。家具を固定するための金具は、ホームセンターで300～1,000円くらいで購入でき、さらにそれを取り付ける作業もドライバーがあれば（電動ドライバーの方が良い）比較的簡単にできます。

では、本章でわざわざ話題にしているのは何故かというと、以下の理由によります。

① 家具の固定は安価で簡単にでき、かつ地震時の被害を軽減するのに効果が大きいというのを認識してもらい、実際にすぐに実行するよう啓発するため。

② お年寄りなどが一人暮らしをしている場合には、実行するのが困難になります。組や区などで計画的に行い、人手が必要な家庭には補助できるようにしてもらいたいため。

ちなみに、私の母は75歳を超えてから甲府に引越してきて、現在一人暮らしですが、引越し後しばらくしてから私が訪ねると、すでにホームセンターで器具

第8章 地震のしくみと被害、建物の地震対策

を購入して家具固定を行っていました。どうやってやったのかを聞いてみたところ、家を購入したときの不動産屋が手伝ってくれたとのことでした。しかし、このような場合は稀であり、一般に一人暮らしをしているお年寄り（特におばあちゃん）には、固定金具を購入し一人で取り付けるのは不可能に近いと思います。そのため、地域の人たちの協力が重要になってきます。皆さんも家具固定についてぜひ組等で検討してみてください。

8-5 山梨県での建物の地震対策

8-5-1 東海地震での山梨県の被害予測

ニュース等でしばしば話題に上がっていますが、静岡県〜和歌山あるいは四国に至る太平洋沖にプレートの境界があり、周期的に考えてそろそろ大きな地震がくるといわれています。それらは東海地震あるいは東南海地震などといわれていますが、現段階の科学技術で地震予知を行うことはできません。分かるのはせいぜい「これから30年間のうち地震が発生する確率は〜%です」という程度です。そのため、地震予知にはあまり期待しないでください。

大切なのは、地震がいつ起こってもよいように備えておくことです。しかし実際には「言うは安し、行うは難し」なので、備えておくためにももう少し情報が

ほしいところです。実は、国あるいは県でマグニチュード8で東海地震が発生したと想定した場合の、震度予測や建物の被害予測などがインターネットで公開されています（山梨県東海地震被害想定調査、http://www.pref.yamanashi.jp/bousai/02123703708.html）。意外と知らない人もいるため、ここで説明しておきます。

図8-8は、中央防災会議（国）および山梨県が行ったマグニチュード8で東海地震が発生したと想定した場合の震度予測を示しています。この図では、実際には震度（被害）に応じて色分けされており、赤に近いほど震度が大きく、青に近いほど震度が小さいという結果を表しています。この図をみると、南側に行くほど震度が大きくなり、峡南や富士吉田の方は震度6強の地域がみられます。また、「平成17年山梨県東海地震被害想定調査パンフレット」によると、この東海地震により、全壊の建物は6,910世帯（山梨県全体の2%）、半壊は30,930世帯（山梨県全体の8.7%）と予想されています。なぜ、こんな数値がわかるのか、家を一軒一軒調査して回ったのだろうか？と疑問に思うかもしれませんが、実は単に先に述べた旧耐震（昭和55年以前の基準）で作られ、その後リフォーム等をしていない建物は倒壊すると判断しているものと考えられます。

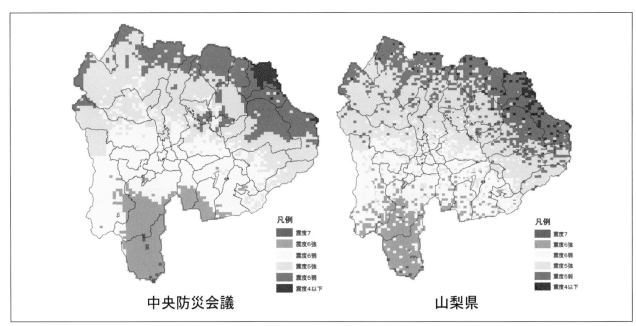

図8-8　M8の東海地震が発生したと想定した場合の山梨県の震度分布
（出典：平成17年山梨県東海地震被害想定調査報告書）

8-5-2 山梨県における建物の地震対策の現状

平成19年山梨県耐震改修促進計画（素案）には、平成17年の段階で、山梨県内での一般住宅において、比較的安全であると判断された（耐震性がある）建物と、倒壊の危険性がある（耐震性がない）建物を区分けした結果が示されています。これをみると、全住宅のうち昭和55年以前に建設された住宅は102,700戸であり、そのうちの8割に相当する85,300戸が耐震性がないと判断されています。すなわち、平成17年の段階で山梨県内において耐震性があると判断された住宅は、72.3%に相当します。なお、同報告書では、県内の新築・改築などの年間割合から推定して、平成27年度には耐震性のある建物の割合が90%を超えると判断しています。これは国が掲げている強靭化計画を満たす数字です。

8-5-3 山梨県での防災対策の情報

山梨県や市町村では、東海地震が発生することを前提として、ホームページ上で様々な情報を公開しています。建物の耐震診断や補助制度については、山梨県のＨＰおよび各市町村のＨＰにも掲載されていますので興味のある方は参照してください。また、年配の方は、ＨＰを見られない、あるいは見ても良く分からない可能性が高いため、地域で情報を共有してもらえると大変助かります。

家具固定については、消防庁のＨＰにも詳しい情報が掲載されています。下記を参照してください。

http://www.fdma.go.jp/html/life/kagu1.html

第 9 章
気象と土砂災害

甲府地方気象台

第9章 気象と土砂災害

9-1 局地的大雨と集中豪雨

9-1-1 自然災害が多い国

日本は自然災害が多く発生しています。自然災害が多い理由は、①中緯度に位置し、冷たい空気と暖かい空気がぶつかり低気圧が発生しやすい、②周囲を海に囲まれて水蒸気量が多い、③熱帯地方で発生した台風の通り道であるなどです。

気象台は大雨や暴風などによって発生する災害の防止・軽減のため、特別警報・警報・注意報などの防災気象情報を発表し、地域住民への注意喚起を行っています。

9-1-2 局地的大雨

局地的大雨・集中豪雨などの現象は積乱雲によってもたらされます。一つ一つの積乱雲は、高さは十数km、水平方向の広がりは数km〜十数kmの大きさです。

発達した積乱雲（日本では夏に多く見られ、入道雲ともいいます）は、強い雨を降らせるほか、竜巻などの激しい突風、雷、ひょうなど、狭い範囲に激しい気象現象をもたらすことがあります。

一つ一つの積乱雲は寿命が短く広がりも小さいことから、単独の積乱雲から降る雨による影響は短時間で局地的な範囲に限られますが、大気の状態が不安定な場合、積乱雲は発達しより強い雨をもたらします。局地的大雨は、単独の積乱雲が発達することによって起きるもので、一時的に雨が強まり局地的に数十mm程度の総雨量となります。

現在の技術では、数十〜数百km四方の範囲（例えば都道府県程度の広がり）について、そのどこかで局地的大雨が発生するかもしれないことを1日程度前から予想することは可能です。しかし、ピンポイントで場所や時刻を特定し十分な時間的余裕をもって局地的大雨の発生を予想することは難しいのが現状です。

9-1-3 集中豪雨

一方、集中豪雨は、前線や低気圧などの影響や雨を降らせやすい地形の効果によって、積乱雲が同じ場所で次々と発生・発達を繰り返すことにより起きるもので、激しい雨が数時間にわたって降り続き、狭い地域に数百mmの総雨量となります。

短時間にまとまって降る強い雨は、局地的大雨でも集中豪雨でも発生します。局地的大雨ではそれが一過性であり、集中豪雨はそれを繰り返すという違いがあります。結果的に、集中豪雨は局地的大雨に比べ、大雨の継続時間が長く総雨量は多くなります。

9-2 台風について

9-2-1 台風とは

熱帯の海上で発生する低気圧を「熱帯

低気圧」と呼びますが、このうち北西太平洋（赤道より北で東経180度より西の領域）または南シナ海に存在し、なおかつ低気圧域内の最大風速（10分間平均）がおよそ17m/s（34ノット、風力8）以上のものを「台風」と呼びます。

　台風は上空の風に流されて動き、また地球の自転の影響で北へ向かう性質を持っています。そのため、通常東風が吹いている低緯度では台風は西へ流されながら次第に北上し、上空で強い西風（偏西風）が吹いている中・高緯度に来ると台風は速い速度で北東へ進みます。

　台風は暖かい海面から供給された水蒸気が凝結して雨粒になるときに放出される熱をエネルギーとして発達します。しかし、海面や地上との摩擦により絶えずエネルギーを失っており、仮にエネルギーの供給がなくなれば2〜3日で消滅してしまいます。また、日本付近に接近すると上空に寒気が流れ込むようになり、次第に台風本来の性質を失って「温帯低気圧」に変わります。あるいは、熱エネルギーの供給が少なくなり衰えて「熱帯低気圧」に変わることもあります。上陸した台風が急速に衰えるのは水蒸気の供給が絶たれ、さらに陸地の摩擦によりエネルギーが失われるからです。

9-2-2　台風の一生

　台風の一生は、大別すると発生期、発達期、最盛期、衰弱期の4つの段階に分けることができます。日本に接近する台風は主に最盛期と衰弱期のものです。

■ 発生期

　台風は赤道付近の海上で多く発生します。海面水温が高い熱帯の海上では上昇気流が発生しやすく、この気流によって次々と発生した積乱雲が多数まとまって渦を形成するようになり、渦の中心付近の気圧が下がり、さらに発達して熱帯低気圧となり、風速がおよそ17m/sを超えたものを台風と呼びます。

■ 発達期

　発達期とは、台風となってから、中心気圧が下がり勢力が最も強くなるまでの期間を言います。暖かい海面から供給される水蒸気をエネルギー源として発達し、中心気圧はぐんぐん下がり、中心付近の風速も急激に強くなります。

■ 最盛期

　最盛期とは、中心気圧が最も下がり、最大風速が最も強い期間をいいます。

　台風の北上に伴い、中心付近の風速は徐々に弱まり始めますが、強い風の範囲は逆に広がります。

■ 衰弱期

　台風は海面水温が熱帯よりも低い日本付近に来ると海からの水蒸気の供給が減少し、熱帯低気圧や温帯低気圧に変わり

ます。

　北から寒気の影響が加わると、寒気と暖気の境である前線を伴う「温帯低気圧」に変わります。この時、低気圧の中心付近では多くの場合風速のピークは過ぎていますが、強い風の範囲は広がるため低気圧の中心から離れた場所で大きな災害が起こったり、あるいは寒気の影響を受け、再発達して風が強くなり災害を起こすこともありますので注意が必要です。

　また、台風がそのまま衰えて「熱帯低気圧」に変わる場合もありますが、この場合は最大風速が17m/s未満になっただけであり、強い雨が降ることがありますので、「温帯低気圧」、「熱帯低気圧」いずれの場合も消滅するまで油断はできません。

9-2-3　台風の年間発生、接近、上陸数

　いずれも30年間（1981〜2010年）の平均ですが、年間の台風の発生数は約26個、日本から300km以内に接近した数は約11個、日本に上陸する数は約3個となっています。発生・接近・上陸とも7月から10月にかけて最も多くなります。

　また、台風の平均寿命（台風の発生から熱帯低気圧または温帯低気圧に変わるまでの期間）は、同じく30年間の平均で5.3日ですが、中には1986年台風第14号の19.25日という長寿記録もあります。長寿台風は夏に多く、不規則な経路をとる傾向があります。

9-2-4　台風の月別の主な経路

　台風は春先は低緯度で発生し、西に進んでフィリピン方面に向かいますが、夏になると発生する緯度が高くなり、図9-1のように太平洋高気圧のまわりを回って日本に向かって北上する台風が多くなります。8月は発生数は年間で一番多いですが、台風を流す上空の風がまだ弱いために台風は不安定な経路をとることが多く、9月以降になると南海上から放物線を描くように日本付近を通るようになります。このとき秋雨前線の活動を活発にして大雨を降らせることがあります。室戸台風、伊勢湾台風など過去に日本に大きな災害をもたらした台風の多くは、9月にこの経路をとっています。

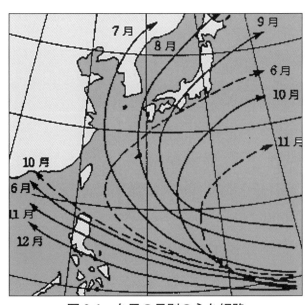

図9-1　台風の月別の主な経路
（気象庁HPより）

9-2-5　台風の大きさと強さ

　気象庁は台風のおおよその勢力を示す目安として、表9-1のように風速（10分間平均）をもとに台風の「大きさ」と

「強さ」を表現します。「大きさ」は強風域（風速15m/s以上の風が吹いているか、吹く可能性がある範囲）の半径で、「強さ」は最大風速で区分しています。

さらに、風速25m/s以上の風が吹いているか、吹く可能性がある範囲を暴風域と呼びます。

表9-1　台風の強さと大きさ（気象庁HPより）

強さの階級分け	
階級	最大風速
強い	33m/s（64ノット）以上～44m/s（85ノット）未満
非常に強い	44m/s（85ノット）以上～54m/s（105ノット）未満
猛烈な	54m/s（105ノット）以上

大きさの階級分け	
階級	風速15m/s以上の半径
大型（大きい）	500km以上～800km未満
超大型（非常に大きい）	800km以上

9-2-6　台風に伴う風の特性

台風は巨大な空気の渦巻きになっており、地上付近では上から見て反時計回りに強い風が吹き込んでいます。そのため、進行方向に向かって右の半円では、台風自身の風と台風を移動させる周りの風が同じ方向に吹くため風が強くなります。逆に左の半円では台風自身の風が逆になるので、右の半円に比べると風速がいくぶん弱くなります。

図9-2は過去の台風の地上での風速分布を右半円と左半円に分けて示した図です。進行方向に向かって右の半円の方が風が強いことが分かります。

図9-2で分かるように、中心（気圧の最も低い所）のごく近傍は「眼」と呼ばれ、比較的風の弱い領域になっています。しかし、その周辺は最も風の強い領域となっています。

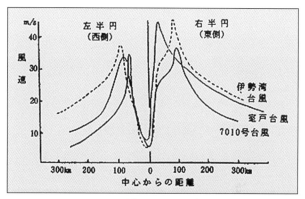

図9-2　地上での風速分布
（気象庁HPより）

また、台風が接近して来る場合、進路によって風向きの変化が異なります。ある地点の西側または北側を台風の中心が通過する場合、その地点では、「東→南→西」と時計回りに風向きが変化します。逆に、ある地点の東側や南側を台風の中心が通過する場合は「東→北→西」と反時計回りに変化します。地形の影響などにより、必ずしも風向きがこのようにはっきりと変化するとは限りませんが、風向きの変化は台風に備える際の参考になります。

9-3　土砂災害について

9-3-1　土砂災害

土砂災害は、すさまじい破壊力をもつ

土砂が、一瞬にして多くの人命や住宅などの財産を奪ってしまう恐ろしい災害です。山腹や川底の石や土砂が集中豪雨などによって一気に下流へと押し流される現象を土石流といいます。また、山の斜面や自然の急傾斜の崖、人工的な造成による斜面が突然崩れ落ちることを崖崩れといいます。

9-3-2 伊豆大島の土砂災害

伊豆大島では、2013年10月16日未明に大規模な土石流が発生しました。台風26号が北東に進み、台風の北東側に前線が停滞していました。この台風と前線により、千葉県から伊豆半島、特に伊豆大島で大雨になりました。総雨量は大島空港で412mm、大島元町では824mmでした。

図9-3に大島元町の降水量の推移を示します。横軸は時間軸、縦軸は1時間降水量で棒グラフです。降水量は15日昼頃から夜遅くにかけて、すでに200mmを越えていました。日付が変わるあたりから急激に強まり、16日0時から明け方までの間に非常に強い雨が降り、1時間で120mmに近い猛烈な雨が降った時間もありました。気象庁では土砂災害警戒情報を15日18時5分に発表しています。また、1時間に100mm以上の雨が降ったことを知らせる記録的短時間大雨情報を3回発表しました。気象庁からは、大島町役場等に避難の呼び掛け等の連絡をしましたが、発生した土石流により、36名の方が亡くなり3名の方が行方不明（2014年1月現在）となっています。

9-3-3 広島市での土砂災害

2014年8月19日から20日にかけて広島市で大雨が降り、土砂災害が発生しました。広島市三入のアメダスでは、19日24時頃までは1時間で20mmにも満たない降水量でしたが、20日の2時〜3時は80mm、3時〜4時では100mmを超える猛烈な雨となり、3時間の合計では200mmを越えました。広島地方気象台では、20日の1時15分に土砂災害警戒情報を発表しました。また、1時間で100mm以上の降雨を観測したことから、記録的短時間大雨情報を発表しています。広島市では、この豪雨と崩れやすい地質（花こう岩）のため土石流が発生し74名の方が亡くなりました。アメダス三入のこのときの1時間101mm、3時間217.5mmの雨量は、統計開始以来1位の記録となりました。

このときの天気図をみると、北海道付近に低気圧があり、中心からのびる前線

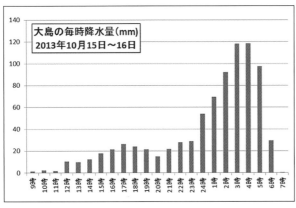

図9-3　大島の降雨状況
（甲府地方気象台作）

が日本海を通り、朝鮮半島を経て大陸にのびています。この前線に向かって南よりの湿った空気が流入し、広島市付近で雨雲が停滞し大雨となりました。

8月19日20時から20日5時までの1時間毎の解析雨量（レーダーとアメダスなどの降水量観測値から作成した降水量分布）を確認すると、19日に一度広島市付近に入り込んだ線状の降水帯が一度弱まり、日付が変わったあたりから再発達したことが分かります。線状の降水帯は再発達後に停滞気味となり、同じような地域に猛烈な雨を降らせ、集中豪雨となり土砂災害に結びついたといえます。

9-3-4　土砂災害の前兆現象

土砂災害は、地中に水分を含んでいるところに、強い雨が降ると発生しやすくなります。また、長雨の後のわずかな雨や、長雨が止んだ後でも山崩れやがけ崩れが発生します。また、広島市の土砂災害のように、崩れやすい地質のところに猛烈な雨が降ると発生する可能性が高まります。

土砂災害にはそれぞれ特徴があり、発生する前触れもあります。ここでは土砂災害の前兆現象について説明します。

まず、土石流の前兆現象ですが、特徴は「山鳴り」と「土臭」です。そして急に川が濁り出し、流木が混ざり流れてきます。2014年の広島や長野県南木曽町での土石流のとき、テレビのインタビューに対して住民が、「山鳴りがした」「土臭い臭いがした」と話していました。また、上流域で雨が降っているにもかかわらず、川の水が少なくなるときがありますが、このようなときは流域のどこかで「天然ダム」[1]が出来ている可能性があります。「天然ダム」が決壊すると大規模な土石流が発生します。つまり、土石流の前兆現象は、すでに何らかの土砂災害が発生しているために起こる現象ということです。

次にがけ崩れの前兆現象ですが、がけに割れ目が見えたり、普段出ていないところから湧水が出ていたり、また、小石がパラパラ落ちてくるなどの現象があります。

このように、土石流、がけ崩れなどの前兆現象が確認されたら、危険地域の方々は直ちに避難行動をとる必要があります。

山梨県では、近年、人的被害を伴うような土砂災害は発生していませんが、2015年9月には台風15号により大月市で土砂災害が発生しています。幸いにも人的な被害は発生しませんでしたが、台風等の大雨後には土砂災害が発生しやすいので、注意する必要があります。

注1)「天然ダム」：土砂などによって河川・渓流が堰き止められることにより形成された地形（国土交通省HPより）

9-4 防災気象情報

9-4-1 防災気象情報の種類

防災気象情報は、台風や低気圧が接近、通過し悪天が予想されるとき、主に災害防止、軽減、交通の安全確保等を目的として発表します。防災気象情報には、特別警報・警報・注意報・気象情報などの種類があります。

防災気象情報は防災関係機関や地域住民への防災対応の支援を目的として発表します。気象情報には台風情報も含まれます。1時間に100mm以上の雨が降れば、大島や広島の事例のように記録的短時間大雨情報を発表します。また、甲府地方気象台と山梨県砂防課が共同で発表する土砂災害警戒情報も防災気象情報です。

9-4-2 防災気象情報発表の流れ

防災気象情報は、一般的には次のような流れで発表します。

悪天となる現象が予想される1日程度前、気象情報を予告的情報として発表します。台風の場合は、接近のタイミングがわかりやすいので、3日程度前から「台風に関する山梨県気象情報」というタイトルで発表しています。

さらに、大雨となる数時間前には、大雨注意報、洪水注意報などを発表し、さらに激しい現象となり重大な災害発生の危険度が高まった場合、大雨警報、洪水警報を発表します。なお、大雨警報、注意報の種類には「土砂災害」と「浸水害」がありますので、どのような災害を対象にしているのか、情報の内容を良く見て判断するようにしてください。大雨警報が発表された場合には、自治体では防災体制を確立し、危険地域にお住まいの方々は、すぐに避難出来るような準備が必要です。また、要配慮者の方は避難を開始していただく必要があります。

なお、警報や注意報の発表中には、発表内容を補完する意味で、気象情報を随時発表します。

さらに、大雨が一層激しくなり被害の拡大が懸念される時には、土砂災害警戒情報を発表します。土砂災害警戒情報は大雨警報よりもグレードが上であり、さらに土砂災害発生の危険性が高まっていることを示しています。土砂災害警戒情報が発表された場合、非常に危険な状況ですので、市町村においては避難勧告の発令、住民においては自主避難などの行動を取るための目安になります。住んでいる地域が土砂災害警戒区域などに指定されている場合や近くに崖や土砂災害の発生する可能性のある場所にお住まいの方は、素早く安全な場所へ移っていただきたいと思います。

9-4-3 特別警報

特別警報は、2013年8月30日から運用を開始されました。運用して間もないこともあり、まだあまり理解が進んでいま

せんので簡単に説明しますと、大雨警報や土砂災害警戒情報以上に危険な状況がおよそ府県程度に広まり、さらにその現象が継続すると判断したときに発表します。

ただし、特別警報が発表されていないからといって、災害が発生しないわけではなく、土砂災害警戒情報や大雨警報が発表されていることで、十分、重大な災害が発生しやすい気象条件にあることを、理解していただきたいと思います。

なお、気象台が発表する防災気象情報は、テレビやラジオだけではなく、気象庁や甲府地方気象台のHPからも入手できますのでご利用ください。

9-4-4 土壌雨量指数

前述のとおり、大雨警報・注意報には「土砂災害」と「浸水害」があります。浸水害は1時間降水量と3時間降水量により判断していますが、土砂災害は土壌雨量指数により判断しています。

土壌雨量指数の概念について図9-4に示します。

上空から雨が降ってきた場合、斜面では地表を伝わって川などに流れる雨水と、土の中にしみ込んで貯留される雨水に分かれます。この土の中に貯留される雨水を指数化したものを土壌雨量指数と呼んでいます。土壌雨量指数が大きくなると、土砂災害の発生する危険性が高まるため、大雨警報（土砂災害）と土砂災害警戒情報発表の基準に使用し運用しています。

大雨が降り土砂災害の危険性が高まると大雨警報（土砂災害）を発表し、さらに雨が降り続き土砂災害の危険性が高まると土砂災害警戒情報を発表することになりますが、土砂災害警戒情報は土砂災害が発生する基準に達する前に、基準に達することを予想して発表することを基本としています。避難のためのリードタイムを2時間としているため、土砂災害警戒情報発表から、基準を超過し災害がいつ発生してもおかしくない状況に至るまで、避難に必要な1～2時間程度の余裕が出来るようにしています。

山梨県での土砂災害警戒情報は、甲府地方気象台と山梨県が共同で発表しており、雨量のデータを共通のシステムに取り込んで監視しています。

図9-5は大雨警報（土砂災害）と土砂災害警戒情報の基

図9-4 土壌雨量指数の概念
（気象庁HPより）

準の１例を示したものです。横軸が土壌雨量指数で縦軸は60分間積算雨量を示しています。左から右に行くほど土壌に含まれる水分量が多くなることを示しており、縦軸に沿うほど強い雨が降っていることになります。

図中の丸印は実際に降った雨の状況をプロットしたもので、図9-5中央の縦のラインが大雨警報（土砂災害）の土壌雨量指数基準、曲線が土砂災害警戒情報の基準で、それぞれ市町村ごとに設定されています。縦のラインを超える予想のとき、大雨警報（土砂災害）を気象台が発表し、曲線を越える予想のときに、甲府地方気象台と山梨県砂防課で協議を行い、土砂災害警戒情報を発表します。土砂災害警戒情報の発表は、市町村長の避難勧告や住民の自主避難など防災行動の目安となります。

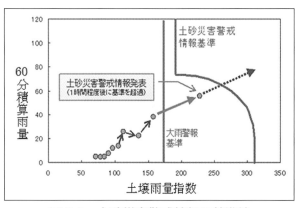

図9-5　土砂災害警戒情報の基準線
（気象庁提供）

9-5　インターネットによる情報の入手

土砂災害警戒情報などの防災気象情報は、気象庁ＨＰから入手出来ます。

「気象庁」を検索し、ＴＯＰ画面から「防災情報」、「土砂災害警戒情報」、「山梨県」を選択すると、現在発表中の土砂災害警戒情報を確認することが出来ます。ＴＯＰ画面の「防災情報」から、「土砂災害警戒判定メッシュ情報」を選択し、地図上から山梨県を選択するとメッシュ毎の土砂災害の危険度が表示されます。黄色から赤色、紫色と危険度が高まっていきます。また、同様の情報が山梨県のＨＰからも確認することが出来ます。

9-6　気象災害から身を守るためには

気象災害から身を守るためには、気象現象と災害の関係を理解し、気象現象により、いつ、どこで、どのような災害が発生するのかイメージし予測する必要があります。そのためには、気象台が発表する、警報・注意報、土砂災害警戒情報などの防災気象情報を判断材料にしていただければと思います。

そして、気象災害が発生したときの対応策を、常日頃から考えていただくことが良いと思います。皆さんがお住まいの

市町村が作成したハザードマップがあると思いますので、自分が住んでいるところが危険区域に指定されていないか、どのような災害の発生する可能性がある場所なのか、それとも安全な場所なのか確認していただき、連絡手段など普段からご家族で話し合って決めておいてください。

9-7 まとめにかえて

気象情報には、時間的な誤差、地域的な誤差、どの程度の降水量になるのかの量的な誤差が必ずあります。新しい予想ほど正確な予想となりますので、常に新しい情報を利用してください。

災害は忘れた頃に、思わぬところからやってきます。災害現場のテレビ中継でも、「まさか、私のところでこんなにすごい土砂災害が起きるなんて」「洪水が起きるなんて」ということをいわれている方がいます。「まさか」ではなく、「もしかしたらこのような災害が起こる」と考え方を変え、常日頃から防災に対する関心を持っていただき、今後に役立てていただきたいと思います。

第10章
災害情報

秦　康範

10-1 災害情報とは

　災害情報とは、災害時に被害を逃れたり、二次災害を避けたりするために役立つ情報とされています。災害の段階としては、平常期（事前に災害を予防する段階で、住民が対象の場合は教育や啓発を意味します）から、実際に雨や台風など事前に予測できる警戒段階、実際に起こってしまった段階である発災期、復旧復興期の各段階があり、それぞれにおいて必要な情報やニーズも変わっていきます（表10-1）。

　どんな情報がどこから、どのような形で提供されるのか、といった話が災害情報の基本的な枠組みです。災害情報は、一昔前と比べると非常に高度になっています。役場の防災担当者が受け取る情報と、一般住民が受け取れる情報には、現在ほとんど差がありません。例えば、テレビでNHKをご覧になってテロップに流れる災害情報を確認した場合を考えると、役場の防災担当者は仕事中にテレビを見ていませんので、一般住民の方が早く情報を受信していることもあります。

10-2 震災時の情報ニーズ

　これは震災時にどんな情報にニーズがあったのかについて、1995年に発生した阪神淡路大震災の神戸市の市民を対象にした調査結果です（図10-1）。

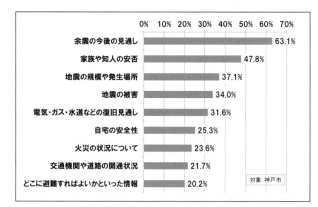

図10-1　阪神・淡路大地震当日の被災者の情報ニーズ
（中村・廣井、1996を基に作成）

　地震直後にどんな情報が必要だったのか、最も必要とされたのは「余震の見通し」でした。大きい地震の後には、本震に対してマグニチュードが１つか２つ小さい余震が発生します。それがどの程度続くのか、すなわち「余震の見通し」は、被災地の方々のもっとも関心が高い情報です。こういうニーズに基づいて、気象庁は余震の見通しについて確率情報を出すような枠組みが現在できていますが、これはこうした調査結果に基づいています。

　その次は、「家族や知人の安否」の情報です。遠方の親戚

表10-1　災害の段階と必要な情報（中村、2007を基に作成）

災害の段階		平常期	警戒期	発災期	復旧・復興期
対策・目的		予防対策	準備	緊急対応	復旧・復興対策
必要な情報	住民	啓発情報	予警報、災害因	災害因、避難情報、被害情報、安否	生活情報、行政情報
	組織	被害想定、防災計画、マニュアル	災害因、被害予測、要因招集	被害情報の収集・伝達、職員招集、他機関への応援要請、等	ライフライン等の復旧情報、対応策の広報

や家族、近くに住んでいる友人の安否が分からないということで、東日本大震災においても大きな問題となりました。阪神・淡路大震災でこの問題がクローズアップされ、このあと171の災害用伝言ダイヤルが開発されました。現在では、災害用伝言ダイヤルの他に、災害用伝言板（web171）も開発され、携帯電話からも使えるようになっています。

「地震の規模や発生場所」については、現在では地震計は全国に多数設置されており、すぐに把握できるようになっています。「地震の被害」は、ニーズは高いのですが、大災害においてはなかなかすぐにはわからないのが実情です。「電気・ガス・水道などの復旧の見通し」、「自宅の安全性」は外にいる場合に心配になります。「火災の状況について」、あとは「交通機関や道路の開通状況」、「どこに避難すればよいかといった情報」、これもなかなかわかりません。大災害では役場も被災しているので、住民に情報を伝える機能や手段が失われてしまうこともしばしばです。

10-3 通れた道路マップ

図10-2は、東日本大震災で非常に有名になりましたが、通行実績情報や通れた道路マップと呼ばれているものです。地震直後に被災地に救援に行こうとしますと、どのルートで救援にいけばいいのか、どこの道路が通行可能なのかなど、道路の情報が必要になります。こういった情報を迅速に把握するため、実際に被災地内を通行した自動車のカーナビゲーションの位置情報を広域で集約し、通行可能な道路情報としてインターネットの地図上で共有化する仕組みです。

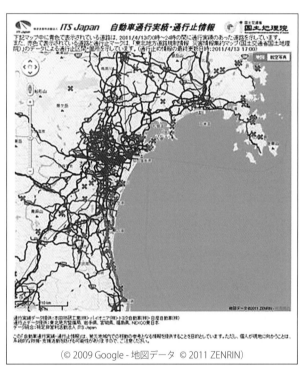

図10-2　通行実績・通行止情報
（特定非営利活動法人 I T S Japan、2011）

実はこのマップはあまり知られていないので自分で紹介するのですが、2007年新潟県中越沖地震の際に、私と鈴木猛康先生とが、本田技研工業株式会社の協力を得て取り組んでことが契機となり、実用化されました。「通れた道路マップ」をインターネットで検索してもらうと、特定非営利活動法人防災推進機構という名前が出てくると思います。

10-4 災害情報の現状

災害情報は、基本的に災害の事象ごとに情報が整理されています。日本防災士機構の教本を例にとると、多岐にわたって災害情報が取り扱われていることがわかります。地震、津波、火山に関する情報として、「震度分布、マグニチュード」、「緊急地震速報」、「津波警報」、「東海地震に関連する情報」、「噴火情報、噴火警戒レベル」があります。気象情報としては、「予報警報」、「記録的短時間大雨情報」、「土砂災害警戒情報」、「特別警報」があります。河川の情報としては「洪水予報」があり、その他として「被害想定」と「ハザードマップ」があります。

10-5 特別警報

特別警報は、2013年8月末から運用が開始されました。予想される現象が特に異常であるため、重大な災害の起こるおそれが著しく大きい旨を警告する新しい防災情報です。大雨、暴風、高潮、波浪、暴風雪、大雪が対象となっています。大雨の特別警報に限定すれば、「降雨が特に異常であるため」というふうに理解してもらって結構です。2013年10月台風26号において、伊豆大島では24時間累積雨量が824mmにも達したにもかかわらず、特別警報の対象にならなかったことが大きな話題となりました。その理由としては、特別警報は広い範囲で数十年に1回程度ということですから、島嶼部ではもともと該当しないということが挙げられます。海上でいくら雨が降っても、そこには人が住んでおりませんし、雨量計もありませんので、広い地域にカウントされていませんでした。

また、特別警報が発表されている場合、極めて危険な状況であるということと同義ですが、場合によってはすでに被害が出ているケースもあることは、運用前から指摘されていたことでした。従って、「特別警報が出たから避難しなければならない」という考え方は実は間違っているということになります。出たときはもうあちこちで被害が出てもおかしくない、もしくはすでに被害が出ているという異常な事態になっている場合に発表される警報であるという理解が必要です。

気象庁のHPや配っているパンフレットには、「警報が発表されたら、ただちに命を守る行動をとってください」とあります。2009年8月台風9号において兵庫県佐用町では、住民が避難所に向かう途中で被災してしまうという痛ましい事故がありました。これ以降、メディアでは直ちに避難してくださいという表現を使わなくなりました。重要なことは、避難というとどうしても避難所に行くというイメージが一般的にありますが、そうではないということです。特別警報が「命

を守る行動」と抽象的な表現になっているのは、命を守る行動はみなさんが置かれている場所や状況ごとに違うためです。従って、どういう情報が出たらどういうところに避難したらいいのか、というのは簡単に答えられないのです。

皆さんはそもそもどこに住んでいて、どのような災害の危険性があるか理解されていますでしょうか。例えば、山梨県中巨摩郡昭和町には、山がありません。2014年2月の豪雪におけるなだれ注意報でも、毎回「昭和町を除く」という文言が入っていました。山が無いということは、土砂災害の危険性はいっさいないのです。そのかわりに、浸水の被害や液状化の危険はあります。だから、どういう場所に住んでいるか、もしくはどういう現象が起きているのか、雨なのか地震なのかによって、想定される被害も違ってくるし、どこが安全なのかも変わってくるわけです。

私も調べてみたのですが、県内の小中学校の約15％が土砂災害警戒区域に立地しています。さらに同じく小中学校の約15％が0.5m以上の浸水想定区域に立地しています。土砂災害と浸水の両方の危険がある学校は1か所のみだったので、本県の約3割の小中学校が災害の危険な場所に立地している状況にあります。

ですから、「避難してください」は、避難所に行くことと理解されると、誤った行動を促すことにつながりかねません。

このため、前述のように最近ではNHKでも「身を守る行動」という表現に変わってきています。

もう1点留意したい点は、特別警報が発表されたら命を守る行動をとってくださいということを徹底すると、「特別警報はまだ発表されていないので大丈夫だ」と思う人が出てくることが懸念されます。人は都合よく解釈するようにできており、警報が出ていないことが安全情報になってしまう危険性があるのです。良く考えてほしいのですが、警報が出てないことと安全だということは何ら関係がないのです。警報が出たときは、非常に危険な状態であるというのは正しいのですが、そうじゃないから安全だとはならないので、この点にはくれぐれも気を付けてください。これは数学の命題でいうところの、裏の命題は必ずしも真ではないということです。

10-6　洪水予報

洪水予報はあまり聞き慣れないかもしれません。気象台と国交省、気象台と都道府県が合同で発表している情報です。県内ですと釜無川を含む富士川、笛吹川ならびに県が管理している荒川、塩川については、洪水予報が発表されています。河川の水深がどういう状況になっているのか、インターネットで確認することが

表10-2　洪水予報

洪水の危険レベル	洪水予報の表題[洪水予報の種類]	水位の名称	市町村・住民に求める行動
レベル5	はん濫発生情報[洪水警報]	（はん濫発生）	・逃げ遅れた住民の救助 ・新たにはん濫がおよび区域の住民の避難誘導
レベル4	はん濫危険情報[洪水警報]	はん濫危険水位	・住民の避難完了
レベル3	はん濫警戒情報[洪水警報]	避難判断水位	・市町村は避難勧告の発令を判断 ・住民は避難を判断
レベル2	はん濫注意情報[洪水注意報]	はん濫注意水位	・市町村は避難準備情報発令を判断 ・住民ははん濫に関する情報に注意 ・水防団出動
レベル1	（発表なし）	水防団待機水位	・水防団待機

できます。

　レベルがそれぞれ設定されていまして、観測している箇所がある水位に達すると、レベルに応じた洪水予報が発表されるという仕組みです。このレベルと地域の消防団がパトロールを開始する、住民に避難準備情報を呼びかける、避難勧告の発令を判断するなど、洪水予報と求められる対応が連動するように設定されています。

10-7　災害情報の伝達手段

　災害情報の伝達手段は非常に多種多様です。行政が使用するものとしては、防災行政無線、広報車、メールアドレスを事前登録させるメール配信などがあります。防災関係機関でよく使用されているのはＦＡＸです。一般の住民から災害対策本部においても、テレビ等のマスメディアが情報を収集する手段として非常に有効とされています。新聞は速報性には欠けますが、まとまった情報を伝えることができるので、避難所生活等で有効とされています。さらに、デジタル放送、コミュニティＦＭ、インターネットやソーシャルメディアなど、最近は非常に多様化しています。地上波デジタル対応のテレビでは、気象に関する情報の受信が可能です。ですから、インターネットにつながるパソコンをお持ちで無くても、最近のテレビを持っていれば気象情報を確認することができます。

　実際に大災害が起こりますとコミュニティＦＭが非常に有効に機能します。最初に説明したように大きな災害に遭いますと、復旧・復興が長期化します。そうすると、マスメディアが流す情報と地域住民のニーズが大きく乖離します。つまり、被災者専用の放送局が必要になってきます。その時にコミュニティＦＭが非常に有効で、新潟中越地震や東日本大震災など近年に発生した大災害では、被災者向けのコミュニティＦＭが開設されています。いくつかの自治体では事前にコミュニティＦＭをたちあげる準備をしていますし、起こってから新規に開設されるケースもあります。

　身近なインターネット端末としては、携帯電話が挙げられます。緊急速報メールと呼ばれる電話回線の混雑状況にかか

わらず、端末に情報を送るサービスがあります。緊急速報メールの優れているところは、市町村単位でその地域内にいる人たちに、直接情報を送ることができる点にあります。事前登録は不要ですし、そこの住民でなくても構わないわけです。避難勧告・指示といった、極めて重要な避難情報は、その地域にいる人たちに向けて出さなければ意味がありませんので、特に観光地を多数抱えている山梨県においては、とても有効であると思います。

　TwitterやFacebook等のソーシャルメディアは、東日本大震災以降非常に活用されています。私自身、東日本大震災から情報収集ツールとして使い始めたのですが、マスメディアに流通していない情報を収集することができ大変役立ちました。ソーシャルメディアでは、普段直接話を伺うのが難しいような専門家の発信をフォローすることにより確認できるのも利点だと思います。

　Lアラート（従来は公共情報コモンズと呼称）は、都道府県や市町村が公共情報コモンズのプラットホームに情報を出すことにより、情報の流れを一元的にかつ迅速にしようという仕組みです。

10-8　ハザードマップ

　ハザードマップは災害予測地図とも呼ばれ、災害の原因となる現象の影響が及ぶと推定される領域と、災害を引き起こすインパクトの大きさなどを示す地図です。洪水ハザードマップについては、2001年7月水防法改正により市町村にその作成が義務づけられました。

　以前は土地の価格が下がるとの住民の反対意見が非常に強く、こうした情報は積極的に公開されていませんでした。洪水ハザードマップのほかに、土砂災害警戒区域や東海地震による液状化危険度マップは、山梨県から広報されていて、インターネット上で公開されています。重要なことは、こうした情報はただ作成して公開しても仕方が無いということです。住民一人一人がマップを確認し、実際に避難に活用しなければ、被害を軽減することは期待できません。

10-9　災害流言

　災害流言とは、口づてに伝わる、根拠のない情報のことをいいます。関東大震災で朝鮮人が井戸に毒を投げ込んだ、暴動を起こしたなどのデマが広がったのは皆さんもご存じかと思います。『甲府市史』（通史編第3巻）の中に関東大震災の記述があり、朝鮮人襲来の噂が紹介されています。当時はメディアが発達していなかったこともあり、そういったデマが山梨まで来ていたということです。

　1995年の阪神・淡路大震災では、M

6クラスの余震が来るという情報が、震度6クラスの地震が来るという内容として伝達されました。東日本大震災では、千葉県のコスモ石油千葉製油所の火災がありました。黒い雨に注意してください、毒が降ってくるという情報がありツイッターで拡散されました。やはり、これもデマでした。

では、災害時に流言がなぜ発生するのかというと、あいまいな状況にともに巻き込まれた人々が、自分たちの知識を寄せ集めることによって、その状況について有意味な解釈を行おうとするコミュニケーションであるとされています。つまり、防災関係機関のような信頼できる機関から情報が提供されない、もしくは十分でないことが、高まった情報欲求を流言やデマにより埋めようとするのです。ですから、公的機関は具体的で明確な情報を出し続けることが大事であるということです。安心情報を出さなければならない。また受け手の立場からすれば、信頼できる情報の入手手段がない場合は不安になりますから、情報を入手できる手段の確保が大事です。

10-10 風評被害

風評被害が有名になったのは、1999年の所沢ダイオキシン騒動です。テレビのニュースで、所沢のホウレンソウに基準値の数倍のダイオキシンが含まれていると放映されたことにより、所沢のホウレンソウを含む野菜がぜんぜん売れなくなるなどの経済被害が発生しました。もちろん、全くのデマでした。風評被害というのは、実は報道されたことで発生するものなのです。

皆さんは近頃の若者はよくキレる、若者の凶悪犯罪が増えていると思ってらっしゃる方が少なくないと思います。実は統計データを見ると1960年あたりのほうがよほど多い。ごく最近の減少したところだけを取り出して、ここ数年増えているようなグラフを見せることが多いのですが、絶対値でみると今の年配の方が若かった頃のほうが、凶悪犯罪の数が圧倒的に多いのです。ですから報道され、耳にする機会が増えることにより、なんだかそういった事件が増えているような感覚になるのです。

原発に関する報道もそうですが、自然災害による観光や経済への影響は、近年顕著になってきました。風評被害は、「ある事件・事故・環境汚染・災害が大々的に報道されることによって、本来『安全』とされる食品・商品・土地を人々が危険視し、消費や観光をやめることによって引き起こされる経済被害のこと」とされています（関谷、2003）。

つまり、風評被害は報道により生じる経済被害であると理解すると、風評被害を防ぐためにはどうしたら良いのかとい

うと、つまり黙っておく（報道しないでおく）というのが最も効果が高い。ただし、いったん火が点くと現実的にはメディアも報道しないわけにはいかないので、なかなか難しい。やはり、消費者も含めて関係者の過剰反応を抑えるための教育・啓発活動が基本的な対策になります。

10-11 パニック神話

災害が発生するとパニックになる、と聞いたことがあると思います。ところが、専門的にいえばパニックはめったに起こらないとされています。これは重要な点です。パニックが起きたという事例は、実は数えるほどしかありません。2001年7月明石市花火大会歩道橋事故や、1923年関東大震災の本所被服廠跡（火災により人々が出口に殺到）など、わが国でも事例がありますが、数えるほどしかありません。

パニックは4つの条件が同時に満たされないとおきないとされています。1つではなく全てです。①差し迫った危険が存在するという認識が人々の間にあるとき、②脱出の可能性があるとき、③脱出路（口）に制約があり、全員は避難できそうにないとき、④正常なコミュニケーションが欠けているとき、以上の4つです。

差し迫った危険が存在するという認識、要は非常に危機的な状況がそこにいる人々の間に共有されている状況下で、脱出の可能性がある、これは実際には可能性がなくてもその場の人が脱出の可能性があると思えばいいのです。あと脱出口が狭いとか、ボートが少ししかない、時間が足りないなどの制約があって、全員がどうも避難できそうにないときです。しかし、これでもまだパニックにはなりません。正確なコミュニケーションができないという条件を満たさないといけません。例えば、そこに館内放送設備があり、施設管理者からのアナウンスで人々を冷静にすることができれば、パニックはおきません。

全部満たさないとパニックは発生しないので、どれか1つでも条件を外せばパニックは防げるということになります。ですからパニックはめったに起きないと理解しておくことが重要です。

よく見られるものとして、エリートパニックというものがあります。著名な例としては、スリーマイル島原発事故において、多くのエリートが事実を公表しなかったというのがあります。わが国においても、東日本大震災で「ただちに健康に影響は無い。避難の必要はありません」と当時の枝野官房長官が発言したのは記憶に新しいと思います。

2011年5月2日の記者会見で細野豪志首相補佐官（当時）は、国民がパニックになる事を懸念したとコメントしました。

第10章 災害情報

SPEEDIのシミュレーション結果が迅速に公表されなかった批判に対する説明として、このようなコメントがなされました。同心円だとパニックにならなくて、アメーバのような形のSPEEDIの結果だとパニックになることを懸念したのか、未だに理解できません。

図10-3は、クライシスコミュニケーションにおいて、一見もっともそうだが、実は間違っている、注意すべき思い込みが整理されています。繰り返しになりますが、これまでの経験上パニックはめったに起きませんし、警告は長くていねいに説明した方がいいし、誤報が問題だから正確な情報を出さなくてはいけないとよくいわれるのですが、たとえ誤報になっても情報をていねいに説明すれば信頼は低下しないことがわかっています。また、危機時には情報源は1つにすべきだと思っているかもしれませんが、多様な情報から一貫した情報を得ることにより、人々は安心するといったことが分かっています。ですので、こうした専門的な知識を踏まえたうえで、コミュニケーションしなければいけません。

10-12 正常性バイアスと集団同調性バイアス

正常性バイアスは、正常化の偏見ともいわれますが、「危険や脅威が迫っていても無視をする、またはその事実を認めない信念」とされています。「どうせ大したことはない」、「自分は大丈夫だ」という心理に代表されるように、危機的な状況に陥っても人はその状況を適切に認識できないというものです。どうしたらいいのかというと今が危機的な状況だというスイッチを、誰かが押すというのがあります。津波避難で釜石の奇跡として有名になった事例がありますが、中学生が率先して避難した行動が、周囲の人たちに高台に避難しなければならないと認識させました。ですから、率先避難者をどうやって育成するのかが重要とされています。

集団同調性バイアスは、自分以外に大勢の人がいると、取りあえず周りに合わせようとする心理状態のことです。2003年2月の韓国地下鉄放火事件は大変有名です。車内に煙が広がる中、誰も避難しようとしませんでした。192人が死亡する大惨事となりました。

```
1. 人々はパニックを起こす
   → 稀な状況でしか起こりえない
2. 警告は短くすべき
   → 緊急時にこそ詳しいメッセージが必要
3. 誤報が問題
   → なぜ誤報となったかという説明があれば、信頼は低下しない
4. 情報源は一つにすべき
   → 多様な情報からの一貫した情報を得ることにより、
      a. 警報の意味と状況を理解し、
      b. 警報の内容を信じる
     ことが可能になる
5. 人々は警報の後直ちに、防衛行動をとる
   → 行動する前に、友人やニュース、当局などに対して情報の確認をしようとする
6. 人々は自動的に指示に従う
   → 人々は情報の意味がわかるまで動くことはない
7. 人々はサイレンの意味がわかる
   → サイレンの意味を覚えている人は少ない
```

図10-3 危機管理の専門家が人々の反応に対して持つ誤解

（吉川・釘原・岡本・中川、2009）

10-13 メタメッセージとダブルバインド

情報のジレンマの中で、メタメッセージ、ダブルバインドという用語が近年特にいわれるようになって来ました。

メタメッセージというのは、本来のメッセージではないメッセージです。例えば、東日本大震災の直後に、福島第一原子力発電所の事故に対して、当時の官房長官は直ちに影響ないといいました。しかしながら、多くの人は中長期的には影響があるのではないかと解釈し、結果として人々の不安を増長させたと言われています。これがメタメッセージです。本来のメッセージじゃないメッセージをみんなが受け取ったということになります。

「特別警報が発表されたら、直ちに命を守る行動をとってください」と気象庁はいっています。しかし予期せぬ解釈として、まだ特別警報が出ていないので大丈夫だと、特別警報が出ていないことを安心情報として受けとる人もいます。ハザードマップで色が塗られていない地域が安全だという安心情報に活用されることもしばしばです。このように、災害情報に関しては、本来は住民の注意喚起を促すための情報が、安心情報として誤った活用がなされることが多いので、是非注意をいただきたいと思います。

ダブルバインドは、メッセージに従うこと（第1の拘束）とメタメッセージに従うこと（第2の拘束）、この相矛盾する両者によって身動きできなくなることから、ダブルバインド、二重に拘束されると呼ばれています。例えば、行政から住民に対して、大雨により川の破堤の危険があるので、早めに指定避難所に避難してくださいとの呼びかけがなされたとします。文字通りには、自分で判断して早めに避難するということですが、こうした情報を行政が丁寧に出せば出すほど、皮肉にも情報待ちの受け身の住民を生産しているという問題提起です。避難というものは、こうしたメッセージを受けとってから、つまりメッセージを待ってするものだという情報依存や、行政と住民の過保護、過依存を生み出すことが近年わかってきました。この状況を打破するためには、住民自身が主体的に行動することがもっとも大切で、そのための教育啓発の方法が模索されています。ですから、皆さん自身が情報の感度を高くし、主体的に判断、行動できるリーダーに是非なっていただきたいと思います。

10-14 おわりに

避難とは指定避難所に行くことではありません。文字通り、難を避ける行動です。地域や想定している災害の種類によって、適切な避難行動は異なります。つまり、いざというときにはみなさん自身

で判断しなければならないのです。市町村は合併が進み、広域化しています。各地域において今どんな危険があるのか、どんな危険が差し迫っているのかを把握することはほぼ不可能です。それだけの職員もいません。ですから、基本はそれぞれの地域で判断しなければならないのです。

一方、行政機関も、一昔前であれば災害だから、天災だから仕方が無いということがありました。しかし、昨今は災害時であっても高い行政サービスが求められるようになってきました。豪雨時の避難勧告・指示の発令のタイミング、要援護者への対応、避難所の環境など、従来は議論の俎上に載らなかった事が問題にされています。一度大きな被害が発生した場合には、行政の対応そのものの是非が検証され、批判にさらされる時代になっています。関係者の皆さんには、その点は肝に銘じてほしいと思います。

最後になりますが、判断する際には、必ず情報が必要になります。情報は待つのではなく、自ら取りに行く姿勢が大事です。多くの災害情報は公開されています。インターネット時代、一般住民も防災機関とほぼ同レベルの情報を、ほぼ同タイミングで入手できる環境にあります。地域の防災リーダーとして的確な判断ができるよう、情報に対する感度を高めていただきたいと思います。

参考文献

- 特定非営利活動法人日本防災士機構：防災士教本、2013.
- 田中淳・吉井博明編：災害情報論入門、弘文堂、2008.
- 吉井博明・田中淳編：災害危機管理論入門、弘文堂、2008.
- 広瀬弘忠：人はなぜ逃げおくれるのか―災害の心理学、集英社新書、2004.
- 矢守克也：災害情報のダブルバインド、災害情報、No.7, pp.28-33, 2009.
- 関谷直也：『風評被害』の社会心理―『風評被害』の実態とそのメカニズム、災害情報、No.1, pp.78-89, 2003.
- 吉川肇子・釘原直樹・岡本真一郎・中川和之：危機管理マニュアル どう伝え合う クライシスコミュニケーション、イマジン出版、2009.

第11章
地域防災と情報

鈴木　猛康

11-1 新潟県三条市の例

新潟県三条市は、2004年と2011年に大水害を経験しています。どちらも、新潟・福島豪雨水害と命名されており、五十嵐川が破堤しました。2011年は、92.6％が市の発令した避難情報を聞いており、そのうち64.9％は防災無線スピーカーからの音声放送を聞いていました。しかし、音声の内容が聞き取れなったため、避難率は11.4％に留まったことが報告されています。一方、防災無線のデジタル化が行われていなかったため、サイレンと広報車による避難の呼びかけのみだった2004年の新潟・福島豪雨水害の際の避難率は21.9％でした。不思議なことに、避難率は防災無線のデジタル化によって、半減してしまったことになります。

11-2 避難情報伝達に必要な条件

前述の避難情報伝達には、迅速性、正確性、確実性という3つの条件が不可欠です。

迅速性とは、避難情報をできるだけ早く住民に伝達することです。河川はん濫や土砂災害の発生が差し迫っている場合には、避難の準備をし、立退き避難先まで移動する時間が必要です。そのためには、避難の判断と連動して、警戒音や音声メッセージ、文字メッセージが送られる仕組み、とくにIT（情報通信技術）を用いた情報伝達が有効となります。

正確性とは、避難情報の内容（メッセージ）が具体的かつ分かりやすく、情報を受け取った住民にしっかり理解されることです。ノンフィクション作家の柳田邦男氏は、著書『想定外の罠』（文藝春秋、2011）の中で、災害時には①いま何が起こっているのか、②それがどのように進展するのか、そして③どのような行動をとるべきか、の情報を、④わかりやすく伝えることの重要性を指摘しています。避難勧告等を発令しても、「市内全域に避難勧告を発令しました」ではサイレンとあまり変わりません。何度か大災害を経験した市町村は、避難情報の定型文を準備しており、そこには柳田邦男氏の4つの要素がしっかりと取り込まれているはずです。

最後の確実性とは、避難情報を対象地域の住民に、くまなく伝達することです。サイレンや防災無線の音声スピーカーは、90％以上の住民への情報伝達を目指します。複数の情報伝達手段を持つことも、確実性を増す上で重要です。

11-3 情報システムによるエリアメール（緊急速報メール）発信

図11-1は、私の開発した災害対応管理システムの新潟県見附市版の画面です。

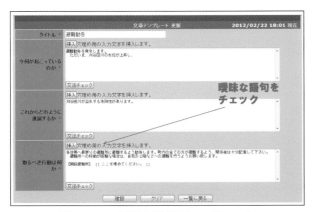

図11-1　定型文登録テンプレート
（災害対応管理システム）

このシステムは、甲府市でも使われています。画面は事前に避難情報等の伝文の定型文を登録するテンプレートです。避難勧告の伝文を作成するために、見附市が登録した定型文を紹介します。今、なにが起こっているのかという欄では、「避難勧告を発令します」と、「ただいま、刈谷田川の水位が上昇し」と記載されています。どのように進展するかの欄では、「刈谷田川は、越水する危険性があります」。つぎに、どのような行動を取るかの欄では、避難を促す文章が記載され、さらに開設避難所を記入するための空欄が設けてあります。定型文を選択し、空欄の開設避難所で埋めると、すぐに避難勧告発令の伝文が発信できるようになっています。伝文は、ソフトバンク、au、docomo、3社の緊急速報メールとして、災害対応管理システムから自動的に発信されます。それを使った情報伝達実験について、これから紹介します。

11-4 避難情報伝達実験

2013年6月の見附市総合防災訓練では、上記のエリアメールを含む複数の手段を使った避難情報伝達実験を行うこととなりました。見附市には2013年当時、11種類の情報伝達ツールが揃っていました。避難情報伝達実験では、そのうち6種類のツールを使った情報伝達を行いました。

久住市長は、2004年新潟・福島豪雨災害、2004年新潟県中越地震という2つの大災害の教訓として、市民に対する災害情報の伝達を、市の防災対策の最重要課題としました。その課題解決の切り札がサイレン吹鳴パターンであり、見附市緊急メールでした。

見附市では、避難準備情報、避難勧告、避難指示という避難3類型の違いに応じて、サイレン吹鳴パターンを変えています。30秒吹鳴、6秒休止が繰り返されば避難準備情報、15秒吹鳴、6秒休止の繰返しは避難勧告、3秒吹鳴2秒休止の繰返しは避難指示です。けたたましいサイレンの音で危機が迫っていることを確実かつ迅速に知らせ、吹鳴パターンで避

第11章 地域防災と情報

難情報の種類を知らせる防災サイレンという発想がよく出てくるものだと感心したものです。ただ、見附市市民が、サイレン吹鳴パターンの意味を認識していなければ、サイレン吹鳴パターンは正確性に欠けることになります。

見附市緊急メールは、見附市が携帯キャリアとの粘り強い交渉の末、やっと実現した我が国初の一斉メール配信システムです。市民一人一人に正確に伝文を伝えたいという、久住市長の思いを具現化させたものと言えます。今では当たり前のように自治体が防災メール等の呼称で導入していますが、悪用を懸念して、なかなか携帯キャリアが一斉メールを受け入れてくれなかったそうです。問題はメールの登録数ですが、人口42,000人に対して、見附市緊急情報のメール登録数は2014年現在で11,300件に達しています。ただし、市からのメールの受信を完了するのに、10分程度の時間を要しているのが課題ということでした。

情報伝達実験では、避難準備情報、避難勧告、避難指示、避難解除の4つの情報を発信しました。避難情報伝達実験の結果を分析するために、避難情報を受信した住民に対してアンケート調査を実施しました。約180人の区長（嘱託員）と4つの特別養護施設を通じた回覧の仕組みを利用して、14,664セットのアンケート調査票を各戸へ配布しました。アンケート回答対象者は、6月16日の防災訓練の際、見附市内にいた住民であること、複数の家族で構成される世帯の場合は、高校生以上のすべての住民がアンケート回答の対象者となることを明記した上で、対象者は各自それぞれ1枚のアンケート回答用紙に回答することをお願いしました。なお調査票とは、透明のA4判封筒に、アンケート依頼書とアンケート回答用紙3枚、アンケート回答用紙用封筒1枚を入れたものです。

アンケートでは、防災無線の音声スピーカー、サイレン吹鳴による避難情報を受信ができたかどうか、とくにサイレン吹鳴については、吹鳴パターンと意味についての理解度も確認することにしました。また、見附市緊急メールについては受信したかどうか、受信した場合は受信時刻を回答してもらいました。一方、緊急速報メール（エリアメール）については、受信したかどうかと、受信時刻を回答してもらい、さらにエリアメールを正確さ（正確性）、速さ（迅速性）、確実さ（確実性）の観点から、サイレン吹鳴、防災無線の音声スピーカー、見附市緊急メールと比較する設問を設けました。

郵送によって回収できたアンケート調査票は1,477票で、有効回答は1,020世帯分、1,472票でした。透明な封筒を用いて防災訓練に関わる大切な調査であることが分かるように工夫しましたが、見附市の全世帯数約14,000に対して7％程度でした。アンケート回答者の年齢構成をチ

ェックしましたが、見附市民の年齢構成とさほど異なるものではなく、60代32％、70代22％で全体の50％以上を占め、ついで60代18％、40代12％と続きました。

図11-2は防災無線のスピーカーからの音声を聞き取れたかの設問に対する回答結果です。よく聞こえたという回答はわずか13％で、だいたい聞こえたが25％でした。防災訓練の当日は晴天、無風状態という非常に良い条件ながら、音声が聞きとれた住民はわずか38％という結果でした。自由記述欄には、声が割れて何を言っているかわからない、外にいても聞き取れない、という苦情が書かれていました。

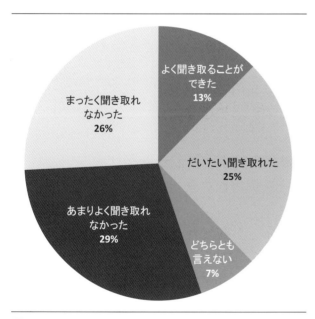

図11-2 防災無線の音声は、半数以上が聞き取れない。よく聞き取れた回答者はわずか13％であった。

図11-3はサイレン吹鳴に関する回答結果です。サイレン吹鳴を聞いた住民は左のグラフに示す通り、81％で予想をやや下回る結果となりました。おそらく高齢でサイレンの音すらよく聞こえない方がいらっしゃるのだと思います。懸念されたサイレン吹鳴パターンの理解度は右のグラフに示す通り、理解している住民は39％に留まりました。さらに図11-4をご覧いただきたい。よく理解している、あるいは、ある程度理解していると回答した住民の年齢層は、70代が最高で50％、年齢が若くなればなるほど理解度は低下し、30代では22％、20代以下では17％という結果でした。70代、60代の住民は、区長（嘱託員）を経験された地域の世話役で、防災を含む地域の活動に主

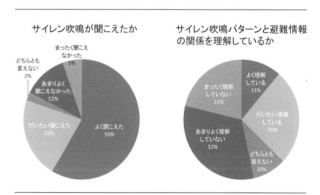

図11-3 サイレン吹鳴についての調査結果

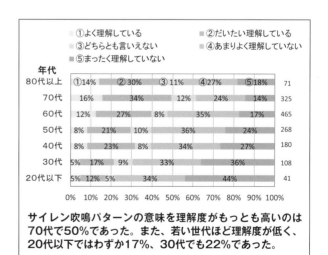

図11-4 サイレン吹鳴パターンの認知度についての調査結果

体的に参加されているので、サイレン吹鳴パターンについてもご存じなのでしょう。それでも、せいぜい50％という結果でした。避難情報の伝達をサイレン吹鳴のみに頼るのは、不安な現実が明らかとなりました。

見附市緊急メールの受信者は197名でした。やはり最大で発信から受信までに最大で13分、平均で6.5分かかっていました。回線の輻輳がなくともこれだけの時間を要しますので、災害時に通信の輻輳がある場合は心配です。これに対して、緊急速報メール（エリアメール）の受信者数は697名と見附市緊急メールの3.5倍、回答者の約50％でした。情報発信の直後、10秒も経たないうちにメールが届きますので、回答者のメール受信時刻は発信時刻と一致していました。警告音とともにメールが届きますので、ほとんどの住民は、受信直後にメールを確認したと回答しました。ただし、緊急速報メール（エリアメール）にも欠点があります。旧型の携帯電話ではメールの受信ができません。また、市外ではメールを受け取れません。見附市緊急情報メールも緊急速報メール（エリアメール）も、携帯電話を持たなければメールを受信できませんので、サイレン吹鳴の81％にはかないません。確実性においては、サイレン吹鳴が緊急速報メール（エリアメール）より優れているといえます。

迅速性、正確性、確実性のすべてを兼ね備えた情報伝達手段はありません。複数の伝達手段を組合せることをお勧めします。サイレンを聞くと自分の緊急速報メール（エリアメール）を確認する。自分でメールを確認できなければ、必ずメッセージの内容を隣人に聞く等、習慣づけてもらいたいものです。

11-5 リスクコミュニケーション

地域の防災力の向上は、自治体単独の努力で達成できるものではありません。住民個人や、地域コミュニティだけでも達成できません。自助、共助、公助の連携が大切なこと、住民・行政協働の地域防災が不可欠と述べてきました。自治体の防災担当者は住民とともに、住民の皆さんは自治体の防災担当者に相談しながら、地区の災害対策について一緒になって考えることが基本です。そうでなければ、住民の皆さんが一生懸命がんばって行われた災害対応が、すでに自治体の業務として行われている等、無駄になってしまいます。行政では足りていない災害対応を住民が上手く補ってあげるようにしていかないと、住民・行政協働の災害対策は成り立ちません。山梨県では自主防災組織活性化特別推進事業という事業を実施していますが、この事業でも自主防災組織の役員と行政、そして事業を支援する専門家という、必ずこの3者が意

見交換をし、お互いの立場を理解し合い、合意形成するプロセスが大切で、これをリスクコミュニケーションといいます。

以下に、リスクコミュニケーションのツールとして有効な防災検討会と防災ワークショップについて説明します。

11-6 防災検討会

市川三郷町の市川大門六丁目防災会の皆さんと取組んだ防災検討会では、手回しで床を振動させ、その上に建物の模型を載せて揺らす装置を使い、建物の揺れはこうして起こるということを理解してもらいました。既に自宅で家具を固定されている住民の割合は5割程度でした。それを10割にすることを目標にして、どのような情報を住民の皆さんにお伝えすれば、皆さんが自発的に家具固定をされるかが最初の課題となりました。山梨大学では2軒の住宅で家具の固定をお手伝いしました。家具の固定化がどれだけ大変な作業かを、自分の身を以て体験しました。「家具を固定しましょう」と言うのは簡単ですが、タンスの固定には、高所作業が必要となりますから、やはり高齢者による作業は難しく、また電動ドライバーが必要です。地区のなかで、どのような体制ですべての家の家具固定を行うのか、その仕組み作りについて話し合ってもらいました。

11-7 防災ワークショップ

写真11-1は、中央市のリバーサイドタウンで開催した災害図上訓練の様子です。当初、住民の皆さんは地震ばかり気にされていました。それも液状化。水害の話をしても、「沼を埋め立てた土地だから、液状化が発生する。避難しようと思っても、道路は凸凹になって車では逃げられないでしょう。どこの道を通って避難したらいいのか、先生、教えてほしい。俺たちは勉強したいんだ」というように、ケンカ腰の発言もありました。私は、「けれども、ここは歴史的に考えて、水害に対しても危険な場所ですよ」と言いましたが、まったく聞く耳を持たない状態だったので、「皆さん、まずは集まってください」とお願いして、防災ワークショップを開催しました。地区ごとで住民の皆さんにテーブルを囲んでもらいました。テーブルの上に白い模造紙を置き、教員と学生が各テーブルにつき、その地区の役員さんに司会者になってもらい、災害図上訓練を体験してもらいました。甲府

写真11-1　図上訓練の様子

第11章 地域防災と情報

地方気象台による気象情報、リバーサイドタウン周辺の雨の降り方や道路冠水の状況等について、時系列で情報を提示しました。「さあ、皆さんはどうしますか」と問いかけると、意見がどんどん出始めました。揚船も置く必要がある、という結論だって出てきました。防災ワークショップは好評だったため、他の地区の住民を対象として何回か開催し、隣の自治会の役員も参加する、というように拡がっていきました。水害に対してどのように備えれば良いかを、専門家から少しアドバイスをいただきながら、自ら対応策を考えてもらいました。後日、防災訓練によって、対応策の妥当性を確認してもらうことになりました。

　市川三郷町市川大門六丁目では、街歩きをしてもらい、防災マップを作成してもらいました。隣接している家との隙間がほとんどなく、隣の軒先が娘さんの部屋の前にあって、非常に心配されている住民がいました。お隣なので直接言いにくいのですが、古い家ですから、震度5強ぐらいになりますと瓦が飛んでくることもあります。そういう話も、次第にざっくばらんにできるようになりました。

　「わたしは地区のなかでは若者だから、高齢者を支援します」と話される方が、軒先で瓦の直撃を受けたり、家具の下敷きになって身動きが取れなくなったりすると、その方は要支援者になります。そんなことを話しながら、自助、共助について話し合ってもらいました。写真11-2はそのときに作成した防災マップです。地図を見ながら、地震の際にはその地区でどのような被害が発生し、それに対してどう対処するのかを住民の皆さんで話し合ってもらいました。防災マップには地域の弱点が示されますが、一方、弱点を克服するための解決策をワークショップで検討してもらうと、地域の利点も整理されます。ある町内会では、たくさんおかずをつくったら隣に持って行くという近所のつながりがありますから、誰がどこで寝ているかもお互いに分かっており、困った隣人をすぐに支援できる、つまり共助が高いことに気づいてもらいました。そうすると、いろいろと解決策が出てきます。各班で安否確認方法を考えてもらいました。地区の皆さんの名簿作成は、しようと思えば役場ができますが、個人情報を取り扱うことになりますから、容易ではありません。したがって、役場は名簿の様式のみ作成し、それぞれの班で名前等の情報を住民が自ら記入し安否

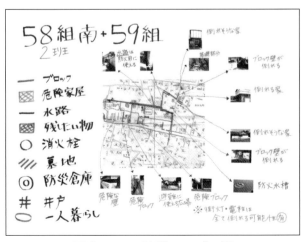

写真11-2　防災マップの例

確認名簿を完成させました。

11-8 孤立対策

市川三郷町八之尻地区で実施した孤立対策の防災訓練を紹介します。地震発生によって集落が孤立した場合、安否確認を組織的に行い、確認した負傷者の病院搬送や倒壊家屋に生き埋めとなっているかも知れない住民の救出等のため、複数の情報通信手段を活用して役場や消防へ連絡することを学んでもらいました。

防災訓練の朝は組長のみならず、住民の皆さんも気合が入っていました。とくに、朝9時に防災無線の放送や緊急速報メール（エリアメール）の着信を合図として訓練を始めると説明したにもかかわらず、私の把握している限り、3つの集落のうち2つでは、10分以上前から一部の住民が集合場所に集まり始めていました。その中の1つの集落では、集会所の庭先に石油ストーブが出してありました。

八之尻地区のある集落について、防災訓練の際にとられた安否確認行動をいくつか紹介しましょう。防災訓練の当日は土曜日でした。この集落は2つの旧集落が統合されています。その中の1つの集落で唯一の若手住民Kさんは、いつもと違って在宅で、しかもこの旧集落の世話役を担当していました。組長から頼まれたのでしょう。2つの旧集落間のアクセス道路は地すべりによって閉ざされ、なおかつこの旧集落内の1軒が倒壊し、その倒壊家屋へ通ずる2つの路地も周辺家屋の倒壊による瓦礫で埋まってしまうという状況付与を行いました。その想定倒壊家屋には、老夫婦が住んでいます。

この集落は6世帯、9名の住民で構成されています。Kさんとともに、その隣の独居高齢者宅にもテレビ電話を設置していました。実は、高齢者宅のテレビ電話は、実証実験の期間のみ、隣のKさん宅の無線LANへアクセスして、インターネット接続をしていました。もちろん、お隣さんから承諾は得ていました。町役場のいきいき健康課にこの高齢者宅に毎朝電話をかけてもらい、顔を見ながら今日の健康状態を確認してもらいました。このようにして毎日使っているテレビ電話で、この高齢者に発災時の安否確認結果、とくに倒壊家屋からの老夫婦の救出要請を役場へ連絡してもらいたいと考えていたのです。テレビ電話をお貸しした独居高齢者の隣の独居高齢者には、スマートフォンをお貸しし、SNSを用いた集落の住民の安否登録の方法をお教えしていました。

この集落では、緊急速報メール（エリアメール）を受け取り、防災無線で防災訓練の放送を聞いてから、予め取り決めていたKさん宅の駐車場に住民が集まり始めました。6世帯中自宅が倒壊したと設定された1世帯を除き、5世帯5名が

第11章 地域防災と情報

集まり、5世帯7名の無事を確認しました。その後、みんなで残る1世帯を確認に行きますが、路地が通れないという看板を見て引き返し、Kさんがテレビ電話を使って役場へ安否確認結果の報告をしました。もちろん、倒壊家屋についても報告しました。スマートフォンをお貸しした高齢者は、安否確認の途中の路上で、ちゃんと集落の住民の安否を登録していました。当初はKさんが不在なため、独居高齢者がテレビ電話で安否確認結果を報告することを予定していましたので、私からお願いして、安否確認結果の報告をいつものいきいき健康課に連絡してもらい、その様子をテレビに取材してもらい、お昼のニュースで流してもらいました。写真11-3は、訓練の状況です。

写真 11-3　防災訓練の様子

11-9　学校防災SNS

スマートフォンの画面を示しながら、学校防災SNSの説明をします。写真11-4左はSNSの災害時モードのトップ画面です。SNSの名称は市川三郷町SNSです。ご覧の通り、高齢者でも操作できるように、文字もボタンも大きく設計されています。組ボタンを選択すると、まず世帯の安否確認画面が現れ、さらに指定すれば所属する自主防災組織の組（30～50世帯程度の単位）の名簿画面に進み、組内であれば誰でも安否登録、安否閲覧が可能となります。組ボタンの右にあるのが学校ボタンです。この学校ボタンを選択した場合について、詳しく説明します。

学校ボタンを選択すると、写真11-4右の画面に移動します。ただし、この画面に移動できるのは、学校あるいは町の災害対策本部のID、パスワードでログインした場合のみです。スマートフォンならIDとパスワードを記憶させることができますので、入力する必要はありません。写真11-4右の画面では隣接する中学校と小学校の教職員、ならびに生徒の安否登録を行うことができます。学年を選択すればクラスの、先生を選択すれば教職員の安否登録・閲覧画面に移動します。

写真11-5左は生徒の安否確認画面です。生徒の名簿の下に全員無事ボタンがありますので、通常はこのボタンを押し、画面に表示される確認ボタンを押すだけで、クラス全員の生徒の無事を登録できます。生徒名のボタンを押すと、その生徒の安否（無事、軽傷、重症、死亡）を

第11章 地域防災と情報

写真 11-4　学校防災 SNS（1）

写真 11-5　学校防災 SNS（2）

登録することができます。もちろん、コメントも記入することができます。最初は未確認となっていますので、まず全員無事ボタンを押し、次に軽傷等の生徒がいる場合、その生徒の軽傷を再登録すると、短時間で安否登録を完了することができます。

　生徒を選択すると、生徒の家族（世帯）の安否を確認することができます。写真11-5右はその例を示しています。このような情報連携を可能とするためには、生徒のいる世帯がＳＮＳに参加し、少なくとも家族の名前を登録していなければなりません。その上で、学校情報管理機能を用いて、世帯情報と生徒情報の紐付けを行う機能を開発しました。一方、学校で生徒の安否登録が行われると、生徒の家族は生徒を含む家族全員の安否情報を写真11-5右と同様な画面で閲覧することができます。例えば父親は職場に、母親は自宅に、子供は学校にいるとき、大地震を経験したとします。父親、母親は自分自身の無事を登録し、子供は学校で先生が無事を入力します。そうすると、3人が職場、自宅、学校にいながら、家族の安否を互いに確認することができるのです。

　もちろん、教職員の安否も登録できます。中学校の先生ボタンを選択すると、中学校の先生の登録画面となります。登録方法は生徒の場合とまったく同じです。全員無事ボタンが用意してありますので、全員無事を登録してから、一部の先生の軽傷者等の個別登録を行うこともできます。

11-10　被災者台帳

　2013年の災害対策基本法が改正により、同法の第九十条の三では、災害発生時に被災者の被害の程度や支援の実施記録等を一元的に整理した被災者台帳を作成することができるとし、その際に市町

村長は被災者台帳作成に必要な範囲で被災者に関する個人情報を活用できることを定めました。台帳に記載する個人情報として、具体的に、氏名、生年月日、性別、住所または居所といった基本情報に、住家の被害、援護の実施状況、要配慮者である場合は要配慮者であることとその事由、その他内閣府令で定める事項とされています。

　災害が発生してから台帳を整備していたら、被災者の支援に間に合わないことは容易に想像できるでしょう。そうすると、事前に台帳を準備しておき、それを災害時に被災者台帳として使う必要があり、具体的には、住民基本台帳から被災者台帳を予め作成することになります。住民基本台帳等の自治体ビッグデータは、個人情報保護条例が障害となって、なかなか目的外利用が進みませんでした。被災者台帳を作成し、関係者が災害時に迅速に共有するには、平常時から台帳を整備しておく必要があります。このSNSは、災害直後に住民による安否確認を支援し、町が情報を活用した災害対応を行うことを可能とするものです。参考にしていただきたいと思います。

11-11　河川水位と危険度レベル

　河川管理者は、100年に一度程度の洪水によって堤防の設計の基本となる高さ、つまり計画高水位を決定しています。この高さに余裕高を加えたのが堤防高です。この計画高水位が、ほとんどの場合ははん濫危険水位とされています。国土交通省及び気象庁では、「洪水等に関する防災用語改善検討会」の提言「洪水等に関する防災情報体系のあり方について」（平成18年6月）に基づき、水位の危険度レベルを設定するとともに、区切りとなる水位の名称は、危険度レベルを認識できるよう改善しました。図11-5に水位と危険度レベルの関係を示します。

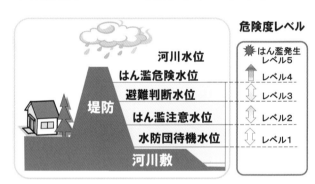

図11-5　洪水予報の発表基準となる河川水位及び危険度レベル

　河川管理者というのは、甲府河川国道事務所や県の治水課です。ここが情報を一手に持っており、河川水位に応じた危険度レベルを、水防警報として発表します。水防警報を受信して、避難情報発令を行うのは市町村の役目です。

　上記の提言によれば、はん濫危険水位は市町村が避難指示を出す水位の目安で、このはん濫危険水位に1～2時間で達しそうな避難勧告の目安となる水位が避難判断水位、さらにその1～2時間ほど前の避難準備情報の目安がはん濫注意水位

第11章 地域防災と情報

でした。

内閣府は2014年に自治体の避難判断基準策定を支援する『避難勧告等の判断・伝達マニュアル作成ガイドライン』を改訂しました。この改訂では、自治体が河川水位に応じた避難判断基準を策定することを提案しており、水位が堤防まで達する危険度レベル5を避難指示、はん濫危険水位に達するレベル4を避難勧告、そして避難判断水位に達する危険度レベル3を避難準備情報の発令の目安（基準）とすることを推奨しています。前述の避難勧告等の発令の目安となる水位が1ランクずつ引き上げられたので、空振りを恐れて躊躇することなく自治体が避難情報を発令できるという考えに基づいているわけですが、はん濫が発生してから避難指示を出すことに対しては、立ち退き避難のタイミングを失ってしまうことになりかねないので、疑問に感じています。

11-12 洪水ハザードマップの改訂

国土交通省は2013年3月に洪水ハザードマップ作成の手引きを改訂しています。この改訂によって洪水ハザードマップ上に、河川はん濫や内水はん濫による浸水深別のエリアとともに、洪水時家屋倒壊危険ゾーンが示されることになりました。防波堤を越えた海水が陸地へ侵入する津波に対して、河川はん濫では大規模河川の破堤箇所から洪水が陸地へ流出するわけですが、実は洪水が津波と同様の破壊力を呈するゾーンがあるのです。

この手引きでは、ハザードマップの浸水危険情報を表11-1に示すように分類しています。まず、浸水深を0.5m未満、0.5m以上3.0m未満、3.0m以上で区分しています。3m未満ゾーンでは、逃げ遅れたら2階避難という選択肢があるものの、3.0m以上のゾーンでは必ず安全な避難場所へ避難するとしています。一方、洪水時に家屋倒壊により、屋内にいると命の危険がある区域を「洪水時家屋倒壊危険ゾーン」としています。この危険ゾーンは破堤や越水によって洪水が住宅地に流出する洪水はん濫タイプと、河川が堤防や宅地を浸食する河岸浸食タイプに、さらに区別しています。すなわち、洪水はん濫では破壊が木造家屋に留まりますが、河川浸食では倒壊が木造家屋に加えて鉄筋コンクリート造のような非木造家屋に

表11-1 洪水ハザードマップの浸水危険情報の分類
洪水ハザードマップ作成の手引き（国土交通省、2013年3月）

浸水危険情報	出水時の心構え（抜粋）
洪水時家屋倒壊危険ゾーン（洪水氾濫）（河岸浸食）	家屋の倒壊の恐れがあり、避難が遅れると命の危険が非常に高いため、住民は避難情報のみならず、出水時の水位情報にも注意し、事前に必ず避難所等の安全な場所に避難。
浸水深 3.0m以上のエリア	2階床面が浸水する2階建て住宅では、避難が遅れると危険な状況に陥るため、必ず避難所等の安全な場所に避難。高い建物の住民でも、事前に避難所等の安全な場所に避難。
浸水深 0.5m～3.0mのエリア	平屋住宅または集合住宅1階の住民は、必ず避難所等の安全な場所に避難。2階以上に居室を有する住民は、避難が遅れた場合は、無理をせず自宅2階等に待避。ただし、浸水が長時間継続した場合や孤立した場合の問題点について認識しておくことが必要。
浸水深 0.5m未満のエリア	避難が遅れた場合は自宅上層階で待避。

も及ぶことを示しています。1972年多摩川水害は、まさに河岸浸食タイプでした。

11-13 広域避難実証実験

　中央市の田富ならびに玉穂は、釜無川と笛吹川が合流する地点です。どちらの川がはん濫しても、水が集まり、地区全体が浸水してしまう可能性が高いのです。河川はん濫が大規模となった場合、田富、玉穂地区の市民約28,000人が、隣接する甲府市等の市外へと立退き避難するためには、山梨県や隣接市町村等の広域連携が必要となります。図11-6は広域避難の模式図です。本節では、豪雨によって釜無川が破堤する恐れがあるという設定で、2013年10月20日に実施した広域避難実証実験について紹介します。

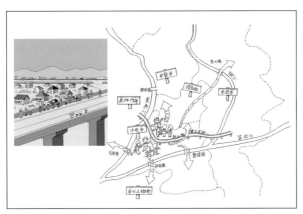

図11-6　広域避難の模式図

　中央市を含む山梨県の中北地方では、前日（19日）より大雨洪水警報が発表されており、すでに累積雨量は200mmを超え、今後3時間雨量100mm、時間雨量60mmの非常に激しい雨が予想されているという設定で、実証実験を開始しました。釜無川の水位が上昇して富士川水防警報が発表され、県管理の荒川、相川でも中北建設事務所から水防警報が発表される中、さらに猛烈な雨が中央市を襲い、大雨特別警報が発表された、という状況付与を行いました。さらに釜無川の堤防の浸食が確認され、国土交通省甲府河川国道事務所が2時間程度で釜無川が破堤する可能性のあるとの水防警報を発表しました。

　このような状況付与に対して、中央市が田富、玉穂地区の市民約28,000人に対して避難勧告、避難指示を発令し、要配慮者の市外への避難、洪水時家屋倒壊危険ゾーンや浸水深3m以上のエリアの住民の地域外への立退き避難、そして浸水深3m未満のエリアの住民への垂直避難を呼びかけ、山梨県に支援を要請するというシナリオを設定しました。

　中央市は大雨特別警報発表を受けて、田富、玉穂地区の全市民約28,000人に避難指示を発令しました。両地区の南に位置する21の行政区には、笛吹川を渡って市川三郷町、中央市豊富地区へ車で避難することを、それ以外の行政区には自宅の2階、あるいは近所の安全な建物の上階に避難することを指示しました。実証実験の実施日がウィークデーでしたので、教育委員会は学校に対して生徒を建物の3階へ移動させることを指示しまし

た。また、民生部は既に小学校、中学校へ避難した住民に対しては、体育館から建物の3階に移動するように指示を出していました。

実証実験の最後の段階に、消防団から、新山梨環状道路に100名以上の住民が徒歩で避難しており、このことを聞いた多くの住民が「ランプから道路へ避難しようとしている」とスマートフォン・アプリを用いて通報させました。中央市の災害対策本部はすぐに山梨県災害対策本部へホットライン機能を用いて対応を要請し、山梨県は県土整備部と県警本部による道路協議の結果、新山梨環状道路を通行止めとし市民の避難場所として開放することを決定しました。図11-6左は自動車専用道路から、洪水に流されるお家屋を呆然として眺める避難住民をイメージして描いてもらったイラストです。

11-14 おわりに

自主防災組織や集落単位のリスクコミュニケーション、防災訓練、住民・行政協働の防災訓練等、筆者の実施してきた活動を紹介しました。この活動を通して、どのような災害情報をどの機関が創出し、それがどのような経路で、どのようなツールを用いて伝達されるか、あるいは、住民から行政への情報伝達が、どのように減災につながるかを、具体的に読みとっていただきければ幸いです。

なお、これらは拙著『巨大災害を乗り切る地域防災力』（静岡学術出版、2011）、『大災害から命を守る知恵、術、仕組み』（静岡学術出版、2014）に詳しく書いておりますので、ご一読いただきたいと思います。

第12章
学校における実践的な防災訓練
― 山梨県における取組 ―

秦　康範

第12章 学校における実践的な防災訓練 －山梨県における取組－

12-1 はじめに

　東日本大震災においては、学校管理下で児童生徒が迅速に避難できた学校があった一方、避難の判断が遅れ多数の犠牲者が出た学校や、下校途中や在宅中に被害に遭った児童生徒がいました。こうした状況を踏まえて、文部科学省は今後の防災教育の考え方と施策の方向性として、自然災害等の危険に際して自らの命を守り抜くため「主体的に行動する態度」を育成すること、そのために「自らの危険を予測し、回避する能力を高める防災教育の推進」を打ち出しました（文部科学省、2011）。それ以前の防災教育は、災害や防災の知識と心のケアが中心でしたので、大転換となりました。

　文部科学省は2012年度から実践的防災教育推進事業を開始しましたが、筆者は防災教育アドバイザーとしてモデル小中学校（2016年3月現在、山梨県内7市町村14小中学校）に関わる機会を得ました。本章では、モデル小中学校での経験を踏まえて、まず従来のパターン化した防災訓練の問題点を指摘し、次にいかにして「自らの危険を予測し、回避する能力を高める」かの解決策の1つとして、筆者が提唱している実践的な防災訓練について紹介したいと思います。

　本章では、防災訓練を取り上げますが、その理由は大きく2つあります。1つは、どの学校においても年間数回の防災訓練が、必ず行われているからです。忙しい学校現場において、新しい事に取り組むことは容易ではありません。科目化されておらず、指導経験も無い防災教育はなおさらです。従って、防災訓練のやり方を見直すことは、比較的受け入れられやすいのではないでしょうか。

　もう1つは、東日本大震災における釜石市鵜住居地区防災センターの教訓です。同センターでは、200人を超える住民が津波の犠牲になりました。市の報告書（釜石市、2014）には、「本来の避難場所ではない防災センターにおいて避難訓練を実施したことで、あたかも防災センターが避難場所であるかのような状況がつくり出された」と記載されています。お年寄りが多い中で参加率を高めるため、近場の防災センターを避難場所とした避難訓練を実施したいという、町内会からの要望を市が聞き入れた、訓練のための訓練だったのです。結果として、訓練に参加した住民のほとんどは、防災センターが津波の避難場所だと思い込みました。この事例から我々が学ぶべき事は、「訓練はできるだけ実際に起こり得る状況を想定すべき」であり、「訓練だからこそ本気で取り組まないといけない」ということだと考えています。

第12章 学校における実践的な防災訓練 －山梨県における取組－

12-2 従来の防災訓練

いくつかの小中学校の防災訓練を視察し、山梨県教育委員会指導主事の皆さんと協議した結果、一般的に行われている地震を想定した避難訓練は、おおよそ以下のようなものでした。授業時間中に、教頭先生による「ただいま地震が発生しました」との校内放送に始まり、机の下に隠れて、その後「地震が収まりました。ただちに校庭に避難しなさい」との放送を受けて、防災頭巾やヘルメットをかぶり、廊下に整列して、上履きのまま校庭に集合する、というものです。

校庭参集後に行われる校長先生による講評は、「参集時間」と「私語の注意」が主でありました。学校現場では、押さない、走らない（かけない）、しゃべらない、戻らないの頭文字を取った「おはしも（おかしも）」により、「走らない」ことを徹底しながら、「前回は5分15秒かかりましたが、今回は4分50秒」といったように参集時間の早さを問題にする点と、また大騒ぎしているわけでもないのですが、「私語」を厳しく注意する様子が確認されました。なお、「おはしも」は、阪神・淡路大震災以降、消防庁による教育安全指導のガイドラインに紹介されたことから、全国に普及した学校における避難訓練でもっともポピュラーな標語です。

このような指導方法は、大きな問題を含んでいると筆者は考えています。その理由は、大きく3つあります。1つ目は、訓練の善し悪しを参集時間や私語の有無で評価することは、「身の安全を守る」という観点から妥当性があるとは考えられないからです。2つ目は、こうした教員主導の訓練では、「主体的な態度」の涵養は望むべくもないからです。3つ目は、パターン化した訓練内容のため、「自らの危険を予測し、回避する能力を高める」ことがまったく期待できないことです。

12-3 地震避難訓練の目的

先述したような地震避難訓練のやり方がどうして広まっているのでしょうか。また、どうして上履きのまま、校庭に避難しなければならいのでしょうか。この理由を明快に答えられる学校関係者はあまりいないと思います。

1923年関東大震災では、地震後に98件の火災が発生し、約21万棟が消失、死者・行方不明者数は10万5千人に上りました。犠牲者の大半は火災による焼死でした。この教訓から、わが国の防災対策は火災対策が中心となり、「ぐらっときたら火の始末」という標語も作られました。学校建物の多くが木造だった当時においては、火災や余震による倒壊の危険性が大きかったのです。

しかし、今日では揺れを感知して自動的にガスを遮断するマイコンメーターが

ほぼ100％普及しています。慌てて火を消す必要が無くなりました。むしろ火を消そうとして火傷したり転倒して骨折するなど、揺れの最中に火を消そうとする行為そのものが危険とされるようになってきました（文部科学省科学技術・学術審議会、2010）。近年の地震による被害を見ても、地震直後に学校から出火して問題となった事例は聞いたことがありません。鉄筋コンクリートの建物が増えていますし、アルコールランプは禁止され、給食室は別棟になっているなど、出火する危険性が以前に比べて圧倒的に低くなっているからです。また、学校建物は耐震診断がなされており、基準を満たさない建物のほとんどは耐震改修されている状況にあります。

このように考えると、多くの学校で行われている地震避難訓練は、地震時に火災を想定した訓練だと考えられます。火災を想定すれば、下履きに履き替える時間を惜しんで、上履きのまま校庭に避難することも説明ができます。しかし、訓練に参加している児童生徒はもとより、企画している教員自身がこれらのことを自覚した上で、訓練を行っているのでしょうか。残念ながら、何の疑問も持たずにこれまで行われてきた訓練のやり方を、繰り返し行っているのが実態ではないかと思うのです。

訓練は何のために、誰のためにやるのでしょうか。訓練を行う事が自己目的化していないでしょうか。児童生徒の主体的に行動する態度や自らの危険を予測し回避する能力の育成が目的であれば、訓練のやり方そのものを変えないといけないのです。

12-4 緊急地震速報を活用した抜き打ち型訓練

従来の防災訓練は、基本的な型を徹底させることに主眼が置かれているため、失敗が起きないし、課題が見つからない訓練でした。これでは、「主体性」や「自らの危険を予測し、回避する能力」の育成につながらないのは明白です。そこで、より実践的な防災訓練として、緊急地震速報を活用した抜き打ち型訓練を提案します。

12-4-1　防災訓練の目的

訓練の目的は、「自分の身は自分で守る主体的な態度を育成するとともに、地震に対して自らの危険を予測し、回避する能力を高める」こととしました。

12-4-2　訓練に対する基本的な考え方

「課題が見つかる訓練が良い訓練」であり、失敗しない訓練は意味がありません。消火器の使い方のように、道具の扱い方の訓練であれば上手に行えることが大事ですが、参加者の判断力や行動力を養成

したり、現行マニュアルの実効性を検証することを主眼としている場合には、課題が見つかる訓練こそが良い訓練といえるのです。

教員の先生は真面目で、訓練は失敗してはいけないと考える人が少なくありません。「課題が見つかる訓練が良い訓練」という考え方を、是非徹底してほしいと思います。このように考えることにより、実践的な訓練を気軽に行えるようになるのではないでしょうか。

12-4-3 抜き打ち型訓練

事前に児童生徒に訓練の日時を知らせず、抜き打ちで訓練を実施します。訓練に慣れてくれば、一部教員（校長や教頭等）を除いて、教員にも知らせずに実施します。抜き打ち型訓練は事前に訓練日時を知らせない点がポイントであり、抜き打ちで訓練を実施することについては、事前に児童生徒に知らせて構いません。学校に導入されている緊急地震速報受信装置はメーカーが複数ありますが、どの装置にも訓練モードがあり、基本的にこの訓練モードを使用して訓練を実施しました。なお、この装置が導入されていない学校においては、緊急地震速報の音源をインターネットからダウンロードすることにより、実施することが可能です。

抜き打ち型の訓練を行う際には、児童生徒がパニックを起こしたらどうするのか心配する教員も少なくないと思います。しかし、学術的にはパニックは滅多に起きないことが知られています。東日本大震災以後、緊急地震速報が何度も出され、突然のアラームにどうしていいかわからなかったという声はよく聞きますが、パニックになったとか、騒ぎになったという話しは聞いたことがありません。

12-4-4 授業時間以外に実施

教員が必ずしも近くにいない、休み時間や清掃の時間などに訓練を行うこととします。教員が近くにいなければ、子ども達は自分自身で判断し、行動しないといけなくなります。

12-4-5 教員の指示は限定する

児童生徒が主体的に判断し、行動することを目的としているため、教員からの指示はできるだけ限定します。指示をすればするほど、「（子どもに）教員や大人の指示に従えばいい」という受け身の姿勢を植え付けることになるからです。

12-4-6 教員自身も訓練に参加する

教員は訓練の評価者として第三者のようにふるまうことが少なくありませんが、実際の地震の際にはあり得ないことです。また教員自身が負傷しては、児童生徒の安全確保が困難になります。教員が率先して退避行動を行うことが大変重要になります。教員が本気で訓練に取り組む姿勢は、児童生徒にも確実に伝わります。

12-4-7 起こりうる課題を設定

停電、点呼時に不在の児童生徒、地震の揺れによる負傷者等を設定することにより、発生した課題に対して教員が訓練中に対応することを検証します。停電すれば校内放送は使えなくなりますので、ハンドマイクを使用する等、校内放送に変わる別の手段を講じないといけなくなります。

12-4-8 振り返りの実施

訓練のやりっぱなしでは、訓練による教育効果の定着は期待できません。訓練後に、子ども達には、アラームが鳴ったときにどこにいて、その場でどのような危険が起こると考え、どういった行動をとったのか、簡単な振り返りシートを記入してもらいます。また、教員から何かしらの正解となる行動を教えるのではなく、子ども達同士でお互いの行動の良かった点や良くなかった点を議論させ、どのような行動が望ましかったか、気づきを重視した指導を行います。

12-5 抜き打ち型訓練により見えてきた課題

実践的防災教育推進事業のモデル学校の中で抽出された典型的な事例について紹介します。

12-5-1 授業時間中

授業中に実施したケースでは、従来の防災訓練における教頭先生の「ただいま地震が発生しました」という校内放送が、緊急地震速報に替わっただけであり、教員の指示の下、子ども達は素早く机の下に隠れました。地震の揺れが収まったとの放送の後は、従来の訓練と何ら変わらないスムーズなものとなりました。教員が近くにいる授業中では、事前の予告の有無にかかわらず、従来の防災訓練との違いは見られませんでした。

12-5-2 授業時間外

清掃や休み時間など、授業中以外に実施しました。その結果、いくつか課題が見えてきました。まず、どの学校でも確認されたことは、清掃や休み時間は授業中と違って騒がしいため、緊急地震速報の放送がよく聞き取れないということです。これは放送の音量を上げることである程度は改善できるのですが、大事なことは、放送に気がついた子どもが、すぐに「地震」とか「静かに」と声を出すことの大切さです。誰かが声を上げると、周囲の子ども達が放送に気がつくことが確認されました。

写真12-1は、訓練時に清掃の時間のため、椅子をひっくり返して机の上に載せた状態で、教室の前方に机が寄せられています。突然のアラームに生徒の多くは驚き、とっさにどう行動して良いかわか

第12章 学校における実践的な防災訓練 －山梨県における取組－

りません。その後、机の下に隠れようとする生徒や、廊下で右往左往している生徒に教室に入るよう指示する先生の姿が確認されました。

写真 12-1　清掃の時間での訓練の様子
（A中学校）

教室ではどういった危険が考えられるでしょうか。大きな揺れによって机の上の椅子が飛んでくることが想定されます。そうすると、机の下は決して安全とはいえません。むしろ、積極的に机から離れた方が良いと思います。教室後方は大きな空間が空いていますし、写真ではわかりませんが廊下には倒れるような物が置かれていませんので、窓から離れれば教室よりも廊下の方が安全だと考えられます。

休み時間では生徒の行動はより多様であり、多くの課題が見つかりました。図書室には多数の子ども達がいましたが（写真12-2）、皆が机の下に隠れようとしたため、机の下に入れない子どもが右往左往しました。転倒や本の落下の恐れのある背の高い本棚の近くに退避する子ども達も確認されました（写真12-3）。

写真 12-2　休み時間の図書室：
退避行動を開始したところ
（B小学校）

写真 12-3　休み時間の図書室：
本棚の前に退避する子ども達
（C小学校）

廊下や隣の教室で遊んでいた子ども達は、自分の教室に戻って自分の机の下に隠れたり、1階のプレイルームで遊んでいたある学年の子ども達は、アラームを聞くやリーダー的児童が2階にある自分たちの教室に向かって駆けだし（写真12-4）、クラスの多くがそれに従いました。このときは、1階から階段を駆け上がっている頃に、ちょうど地震の揺れが到達しました。

また、「おはしも」を大きな声で連呼しながら、揺れが収まった後にどうしたらよいか困っている低学年の児童や、必

写真12-4 休み時間の2階廊下：
1階のプレイルームから2階の教室に
向かう子ども達
（C小学校）

写真12-5 負傷者役：避難途中に階段で転倒し
歩けない役の児童
（D小学校）

写真12-6 負傷者役：意識不明の役の児童を
担架で救護所に運ぶ教員
（E小学校）

要な声がけさえもしてはいけないと考え、目で合図し合う中学生も確認されました。ここで紹介した事例は、都市部の規模の大きい学校や山間部の小規模な学校において複数の学校で見られたものであり、決して特殊なものではないと考えています。その他には、トイレの中にいる子どもにはアラームが聞こえなかったり、突然の状況の変化に対応が難しく特別な配慮が必要となる生徒が見つかるなど、事前に予告しない実践的な訓練だからこその課題が見つかりました。

負傷者役の子ども（写真12-5、12-6）を担架でマニュアル通りに校庭の救護所に実際に運んでみて、季節天候により屋外に救護所を設置することが困難な場合もあることが認識され、見直しが議論された例もありました。その他、雨の日や雪の日にも訓練を実施し、校庭に参集せず体育館や校舎内で点呼を取る訓練も実施しました。

12-5-3 抜き打ち型訓練により抽出された課題

緊急地震速報を活用した実践的防災訓練として、抜き打ち型の訓練を授業中だけでなく、授業時間外の清掃や休み時間において実施しました。その結果、従来の防災訓練では顕在化しなかった様々な課題が抽出されました。ここでは、訓練で確認された課題を大きく3点指摘したいと思います。

1つ目は、多くの子ども達にとって、従来の防災訓練は「自分の教室の自分の机の下に隠れること」になっていたということです。休み時間に廊下や隣の教室

にいた場合でも、自分の教室の自分の机に向かう子ども達が多数見られました。2つ目は、緊急地震速報を聞いても、直ぐに適切な行動を取ることは難しいということです。3つ目は、状況に応じて適切な退避行動を取る応用力がほとんど養われていなかったということです。「おはしも」の約束の丸暗記や、机の下に隠れるという一連のパターンの徹底だけでは、状況に応じて判断し、行動することを期待できないといえると思います。

緊急地震速報により得られる猶予時間は、大きい揺れの場合は数秒から長くても十数秒に過ぎません。無駄な動きをする余裕は一切ないのです。従って、訓練の結果がもし本番だったらと考えると、現状の課題は決して小さいとはいえません。

一方、抽出された課題の多くは、訓練を繰り返すことにより、改善されることを確認しました。訓練後の振り返りや、様々な状況での抜き打ち型訓練の実施により、子ども達自身が、その場その場で求められる適切な退避行動を主体的に行えるようになりました。子ども達の理解は早く、我々が考える以上に、自分で判断して、適切な行動を取ることができるようになります。

緊急地震速報を使った訓練を通して学んでほしい事は、アラームが鳴ったらどうするかを徹底することではありません。内陸直下で浅い地震では、速報が間に合わないこともあります。地震はいつ起こるか事前にわからないのです。だからこそ、1日の生活の中で、どこでどんな危険が起こり得るか、どういう行動が安全か、普段から考えておくことが大切です。こうした習慣が、主体的に行動する態度を育み、自らの危険を予測し回避する能力を高めることにつながるのです。平日に8時間学校にいるとすると、学校で地震に遭う確率は1年間で約2割（休日や夏休みなどを除く）にすぎません。

12-6 大規模地震対策特別措置法と引き渡し訓練

大規模地震対策特別措置法（大震法）は、1976年に石橋克彦東京大理学部助手（現・神戸大名誉教授）による東海地震説を受けて1978年に成立しました。山梨県下の市町村は、丹波山村・小菅村を除いて同法に基づく地震防災対策強化地域に指定されています。また、同法は防災訓練の実施を義務づけており、この一環として実施されているのが、学校の引き渡し訓練です。ほとんどの学校において東海地震の警戒宣言が発表されたことに基づいて（単に震度5強以上の地震が発生したとの想定の場合もあります）、保護者への引き渡し訓練が行われています。しかし、この引き渡し訓練についても、現状では多くの課題があると筆者は考えて

います。

1つ目は、引き渡し訓練を行う日時が事前に決められていることです。震度5強以上の大地震はもちろんですが、仮に東海地震注意情報や予知情報、警戒宣言が発表された場合であっても、突然その日が来るということです。現状では、保護者が平日に休みをとって子どもを迎えにいけるかどうかを確認する場になっているように思われます。

2つ目は、保護者は指定された時間に迎えに行くことになっていることです。東日本大震災でもそうでしたが、こんなことは実際にはあり得ません。すぐに迎えに来る保護者もいれば、時間が経過してから来たり、諸事情からそもそも迎えに行けない場合もあるでしょう。現状では指定された時間に保護者が来ますし何の混乱もおきません。しかし、季節や天候によっては校庭で長時間待つことが難しいときもあります。そうした中、五月雨式に保護者がやってくるような場合が実際的でしょう。このような状況においても適切に対応できるか、訓練で検証しておくのが本来だと思うのです。

3つ目は、これが一番問題なのですが、こうした訓練を繰り返し行うことにより、保護者や教員に誤った認識を醸成する危険性です。大地震時においては、保護者には「学校に子どもを迎えに行かないといけない」、教員には「保護者に子どもを引き渡さないといけない」という認識で

す。しかし、東日本大震災では保護者に引き渡した後に津波で被害に遭うケースもあり、最新の考え方では、児童生徒の安全が確認されるまでは保護者に引き渡さないとされています。

4つ目は、地震学者の大半は、東海地震は予知できないと考えている現実です。大震法が制定された当時は、観測網を充実することにより前兆現象を捉え地震予知は可能になると、極めて楽観的に考えられていました。しかし、観測データが充実し、研究が進むほど地震予知は容易ではないことが明らかになってきました。わが国観測史上最大のマグニチュード9.0の東北地方太平洋沖地震においても、前兆現象は何ら確認されませんでした。その後行われた地震学会の総括や国の検討会において、「首都直下地震や南海トラフ巨大地震などを予知することは現段階では困難」とされ、「東海地震も例外ではない」とされました。

大震法が制定されてから既に35年以上が経過しました。地震は予知できないということを前提に、保護者への引き渡し訓練については、再考する時期に来ていると思うのです。

12-7 新しい防災教育への期待

防災教育が、単に「防災」のためだけであれば、学力向上など多くの課題が山

積している学校現場において、積極的に展開することはなかなか難しいと思います。しかし、防災教育が防災に留まらない効果を期待できるのであればどうでしょうか。防災教育を通して、主体性を育み、答えのない問いを考えることを学ぶことができると筆者は考えています。他の授業は指導要領で教えるべき事柄が細かく規定されていますし、与えられた課題には全て正解が存在します。しかし、新しい防災教育においては、正解は1つではありません。正解は状況によって変わるということを学ぶことができます。また、多くの児童生徒が苦手である学習した知識の活用という意味でも、通学路における災害時の危険性を考えたり、災害時の家族の集合場所や安否確認の方法を確認したり、自宅の家具の固定を実際に行うことにより、学習した知識を実践し、活用することが期待できるのです。

12-8 おわりに

忙しい学校現場において、新しい試みを行うのは容易ではないと思います。毎年実施している防災訓練を手始めに、実践的な内容に変えることを提案したいと思います。本章で紹介した訓練は、緊急地震速報が導入されていない学校でも実施できます。緊急地震速報の音源はインターネットから入手できますし、突然の地震の揺れを知らせるのは、教員が笛を吹いたって構わないのです。また、全校一斉に校庭に参集させようとするから大ごとになるので、どうやって身を守るのか、退避行動をさせるだけのショート訓練であれば、小規模（クラス単位で）かつ短時間で実施可能になります。

繰り返しになりますが、「身の安全を守る」ことこそ最優先すべきことです。状況に応じて「身の安全を守る」行動は1つではありません。特定の場面における行動を指南する標語の徹底は、かえって状況に応じた臨機応変な対応を困難にさせる危険があることを強調したいと思います。

最近、確信していることがあります。大人が本気を出しているところを見せることは、教育効果が高いということです。子ども達にも、予定調和なことや、意味がないことは直ぐにわかります。大人が本気で取り組む姿勢こそ、一番の防災教育につながるのではないでしょうか。

東日本大震災以降、質の高い防災教育の教材が数多く開発されています。山梨県総合教育センターでは、教育情報コンテンツデータベースに、小学生を対象とした家庭内DIGや中学生を対象とした地域DIG等の防災教育コンテンツが公開されています。また、新潟県防災教育プログラム（公益社団法人中越防災安全推進機構、2014）や青少年赤十字防災教育プログラム（日本赤十字社、2015）は、

内容も非常に秀逸で無償提供されています。是非、こうした既存の教材もご活用いただきたいと思います。学校現場に実践的な防災訓練が普及し、多様な防災教育が展開されることを強く願っています。

なお、本章は拙稿『防災教育の最前線—「自ら考える」防災訓練の試み』（シノドス、2014）、『児童生徒に対する実践的防災訓練の効果測定—緊急地震速報を活用した抜き打ち型訓練による検討—』（地域安全学会論文集、2015）をもとに、加筆修正したものです。

参考文献

- 文部科学省：東日本大震災を受けた防災教育・防災管理等に関する有識者会議：中間とりまとめ、2011．
- 文部科学省科学技術・学術審議会：地震防災研究を踏まえた退避行動等に関する作業部会報告書、2010．
- 岩手県釜石市：釜石市鵜住居地区防災センターにおける東日本大震災津波被災調査 報告書、2014．
- 秦康範：防災教育の最前線—「自ら考える」防災訓練の試み、シノドス、2014．
- 秦康範・酒井厚・一瀬英史・石田浩一：児童生徒に対する実践的防災訓練の効果測定—緊急地震速報を活用した抜き打ち型訓練による検討—、地域安全学会論文集、No.26, 2015．

編著者・執筆者紹介

［編著者］

鈴木　猛康　　　　まえがき、第1章、第11章　　山梨大学教授

［執筆者］

城野　仁志　　　　第2章　　山梨県総務部防災危機管理課総括課長補佐

藤井　敏嗣　　　　第3章　　山梨県富士山科学研究所所長

林　　晏宏　　　　第4章　　元NHK記者、山梨大学非常勤講師

後藤　　聡　　　　第5章　　山梨大学准教授

野中　　均　　　　第6章　　山梨県県土整備部技監

末次　忠司　　　　第7章　　山梨大学教授

吉田　純司　　　　第8章　　山梨大学准教授

甲府地方気象台　　第9章

秦　　康範　　　　第10章、第12章　　山梨大学准教授

山梨と災害
防災・減災のための基礎知識

平成28年5月20日　初版第1刷　発行

編 著 者　鈴木　猛康
発　　行　山梨大学 地域防災・マネジメント研究センター
　　　　　〒400-8511
　　　　　山梨県甲府市武田4-3-11
発　　売　山梨日日新聞社
　　　　　〒400-8515
　　　　　山梨県甲府市北口2-6-10
　　　　　☎055-231-3105（出版部）
印刷・製本　サンニチ印刷

©University of Yamanashi 2016 Printed in Japan
ISBN978-4-89710-535-2

※落丁・乱丁本はお取替えいたします。上記発売者宛にお送り下さい。
なお、本書の無断複製、無断転載、電子化は著作権法上の例外を除き禁じられています。
第三者による電子化等も著作権法違反です。